ACCESO GRATIS *a la Lectura en la Nube*

Para visualizar el libro electrónico en la nube de lectura envíe junto a su nombre y apellidos una fotografía del código de barras situado en la contraportada del libro y otra del ticket de compra a la dirección:

ebooktirant@tirant.com

En un máximo de 72 horas laborales le enviaremos el código de acceso con sus instrucciones.

Prácticas de resistencias – convivencias de niños, niñas y adolescentes en Villa Santana, Pereira

Procedimiento de selección de originales, ver página web:
www.tirant.net/index.php/editorial/procedimiento-de-seleccion-de-originales

Tesis doctoral
Erika María Bedoya Hernández
Director
Javier Fayad Sierra
Doctorado Interinstitucional en Educación
Facultad de Educación y Pedagogía
Universidad del Valle
Cali, Colombia, 2021

Prácticas de resistencias – convivencias de niños, niñas y adolescentes en Villa Santana, Pereira

Seccional Pereira
tirant humanidades
Bogotá, 2024

Catalogación en la publicación – Biblioteca Nacional de Colombia

Bedoya Hernández, Erika María, autora
Prácticas de resistencias – convivencias de niños, niñas y adolescentes en Villa Santana, Pereira / Erika María Bedoya Hernández ; director, Javier Fayad Sierra. -- Bogotá : Tirant Humanidades, 2024.
260 páginas.
Incluye referencias bibliográficas.

ISBN 978-84-1183-529-9

1. Construcción de la paz - Investigaciones - Comuna Villa Santana (Pereira) - Siglo XXI 2. Solución de conflictos - Investigaciones - Comuna Villa Santana (Pereira) - Siglo XXI 3. Niños y violencia - Investigaciones - Comuna Villa Santana (Pereira) - Siglo XXI 4. Participación juvenil - Investigaciones - Comuna Villa Santana (Pereira) - Siglo XXI I. Fayad Sierra, Javier, director

CDD: 303.690830986132 ed. 23 CO-BoBN– a1135994

Prácticas de resistencias–convivencias en el contexto de las violencias–paces: vivencias de los niños, niñas y adolescentes de los barrios Tokio y Las Brisas de la comuna Villa Santana, Pereira.

Hace parte de un resultado de investigación de tesis doctoral

EDITA: TIRANT HUMANIDADES
Calle 11 # 2-16 (Bogotá D.C.)
Telf.: 4660171
Email:tlb@tirant.com
www.tirant.com
Librería virtual: www.tirant.com/co/
ISBN: 978-84-1183-529-9

Jurados

Francisco José del Pozo Ph. D.

Secretario Académico del Programa de Doctorado en Educación de la EIDUNED

Departamento de Teoría de la Educación y Pedagogía Social

Madrid, España

Daniel Campo Sarria Ph. D.

Profesor de la Universidad del Valle, investigador del Grupo Incide, Línea de Convivencia y Psicología Comunitaria

Humberto Quiceno Castrillón

Profesor de la Universidad del Valle, investigador del Grupo Historia de la Práctica Pedagógica

A Juan Felipe Varona Bedoya, mi hijo,
quien desde la aventura de su existencia
le da chispa a la mía
A mi familia, a mi padre que siempre fue un referente,
a mi madre por su compañía incondicional,
a mis hermanos por ser cómplices
Al universo y a todas las personas que tejen a mi lado

Resumen

En el presente documento se encuentran los resultados de la investigación de la tesis doctoral Prácticas de resistencia–convivencia en el contexto de las violencias–paces en las vivencias de los niños, niñas y adolescentes de los barrios Tokio y Las Brisas de la comuna Villa Santana, Pereira. Su objetivo se centra en describir las prácticas de resistencias–convivencias realizadas por los niños, niñas y adolescentes alrededor de dos categorías: las paces y las violencias. Desde la etnometodología como estrategia de investigación, en el marco de la investigación cualitativa se rescata la producción de saber de los niños, niñas y adolescentes desarrollada a través de expresiones estéticas y prácticas cotidianas. Se resalta el mural, la participación en asociaciones juveniles; como también, por otro lado, la tensión con prácticas alrededor de la violencia: homicidios, hurtos, lesiones personales, entre otras.

En los resultados se visualizan las producciones realizadas por los niños, niñas y adolescentes como formas de constitución de sujetos y relaciones de poder, en el marco de un contexto que nos permite comprender las resistencias desde la multiplicidad de las prácticas encontradas en el territorio.

Índice

Lista de figuras

Lista de tablas

Introducción

La vida misma, como una construcción del sujeto, no es un barco solitario, sin marinero y sin rumbo. El barco hace conexión con el agua, las olas, el viento, la madera, las aves, el marinero, los peces, el cielo; multiplicidad de conexiones concebidas como mundos aislados. La vida en el sujeto es multiplicidad, experiencia, práctica y conexión.

De esta manera, surge esta investigación que en su recorrido da paso a la construcción de este documento. Nace de lo más profundo del sentir de quien lo escribe y en realidad no solo de la autora; este documento está escrito a mil manos: manos de los niños, niñas y adolescentes de los barrios Tokio y Las Brisas, de los líderes comunitarios, de mi tutor[1], quien siempre estuvo presente, de los estudiantes de los programa de Derecho y de Trabajo Social, de mis colegas, amigas, de mi familia, de mi hijo, de mis miedos y, sobre todo, de las ganas de expresar lo que uno tanto maquina en su pensamiento, lo creado a través de la experiencia y de vivir la cotidianidad en un contexto que parece no ser leído.

1. Javier Fayad Sierra: graduado de la Universidad del Cauca Colombia como Licenciado en Ciencias Sociales-Historia; especialista en Filosofía en Ética y Derechos Humanos de la Universidad del Valle; magíster en Historia; doctor en Educación en la Universidad del Valle (2006), en el área de Historia de la Educación y la Pedagogía Comparada, su tesis de doctorado se titula: *Niñez y subjetividad en Cali 1900-1930*, y posdoctor en Ciencias Sociales del CINDE y Universidad de Manizales, CLACSO, Universidad Católica de Sao Paulo, Universidad de la Frontera de México. Actualmente es profesor titular de la Facultad de Educación y Pedagogía de la Universidad del Valle.

El capítulo I corresponde al desarrollo de los aspectos preliminares de la investigación. Allí se plantea el cómo se problematiza el tema de investigación, que se logra estableciendo un campo de relaciones alrededor de las prácticas de resistencia–convivencias en el contexto de las violencias–paces en las vivencias de las niñas, niños y adolescentes.

En primera instancia, se brinda el contexto de la selección de la población y del territorio donde se llevó a cabo el estudio. Se precisan el interés investigativo, los objetivos y los aspectos metodológicos primarios, a través de los cuales se trazó la ruta y el camino a recorrer en la investigación. El estudio se centró en las relaciones que se dan alrededor de las prácticas, se insistió en la predisposición que se da cuando se visitan los barrios Tokio y Las Brisas. Allí las prácticas muestran su carácter multidimensional, la conexión y la heterogeneidad, tal y como son compuestas y construidas por los sujetos en el marco de un contexto tensionado por la violencia y la paz.

El objetivo se centró en describir las prácticas de resistencias–convivencias que se producen en el contexto de las violencias–paces, y su afectación en las vivencias de los niños, niñas y adolescentes. Para alcanzar este, el hacer metodológico trasciende la acción etnográfica simple de describir, porque la investigación plantea la visión ampliada de la etnometodología que describe y presenta las relaciones que surgen alrededor de las prácticas; en ese sentido, la descripción también es análisis y comprensión. Así, se procuró identificar las prácticas; reconocer las relaciones que se dan en las prácticas; identificar las categorías que movilizaban las prácticas: las resistencias, las convivencias, las violencias y las paces, como acción y como práctica y, por último, se examinó cómo todo este campo de relaciones moviliza al sujeto, en este caso a los niños, niñas y adolescentes.

En el capítulo II se presenta el encuadre teórico que permite evidenciar cómo se mueven las categorías de «paz y paces», «violencias», «convivencias» y «resistencias». Inicialmente, se recogen un poco los aportes desde las perspectivas de la paz neutra y la paz imperfecta, que nos llevan a las contribuciones desde la paz territorial y local. Esta última, resalta las aportaciones de la investigación para la paz y las construcciones colectivas realizadas en los territorios a partir de la experiencia del conflicto. También destaca iniciativas que generan tensión a las formas de violencia. Se expone un camino a través de la reflexión del concepto de violencia, que retoma Ana Arendt y Judith Butler; en esta discusión se prioriza su relación con el poder. En esa misma línea se enfatiza la conexión y tensión que tiene la violencia y la paz. Igualmente, se hizo un recorrido por la categoría de convivencia, en el sentido de propuesta en donde se desmitifica la convivencia como tolerancia, pero se precisa la convivencialidad como parte de la construcción de todos y del equilibrio con el ambiente y el contexto.

Seguidamente, se aborda la categoría de práctica, en esta se hace un recorrido por los aportes de Foucault (2002), quien desde la práctica discursiva visualiza el sentido de la práctica en relación con la construcción de la subjetividad, donde se entrecruzan relaciones de poder. Se retoman aspectos de la práctica que hacen Sáenz y Samper (2014), quienes reflexionan al respecto de las prácticas de sí como una forma de fortalecer el concepto de práctica, desde su sentido de formación; lo que permite reconocer los escenarios que constituyen al sujeto y precisar la discusión de la experiencia como práctica, como producción de saber, como una construcción estética del sujeto donde la acción recurrente cotidiana constituye una estética de sí y una relación con el arte de vivir y ser de los niños, niñas y adolescentes.

Asimismo, se estudia la resistencia como categoría de movilización en las relaciones de poder, como experiencia desde la práctica cotidiana de los sujetos. También se estudia como parte de las conceptualizaciones que la ubican como una categoría de orden normativo, la cual transita por el derecho legítimo de desobedecer al Estado o por la acción de no permitir el daño por parte del Estado. La discusión se basa en varios aspectos del derecho que se enmarcan desde la desobediencia civil; también se basa en otros aspectos que precisan la resistencia como una construcción dada a partir de un proyecto ético–político, donde la comunidad expresa el descontento por las formas en las que han sido violentados y se enfoca en una reconstrucción de la resistencia desde los ejercicios de no violencia, llamada resistencia comunitaria, como lo plantea Molina (2005).

Por otro lado, se abordan algunas experiencias exitosas de investigaciones para la paz donde la resistencia ha sido la fuente de la reflexión. Sobresale la ubicación de la resistencia en el marco de las relaciones de poder, en tanto interioridad o exterioridad, como un hecho importante que ha permitido centrar parte de las reflexiones teóricas en el desarrollo de esta investigación.

Un apartado final de este capítulo se centra en la denominación del sujeto, como niño, niña y adolescente; sin embargo, se presenta tensión alrededor de esta denominación. Se potencializa este concepto como el sujeto que desde su experiencia motiva una acción recurrente y que lo constituye.

El capítulo III da cuenta de los aspectos metodológicos que recorren el camino de la investigación. Se transita por la categoría de práctica y de resistencia, y también se enlazan los desarrollos teóricos con la composición del archivo y las técnicas utilizadas. Es importante señalar que este estudio se enmarca en la investigación cualitativa, donde sobresale la etnometodología como estrategia metodológica que permite acercarse al contexto de la investigación. Se establece un encuentro entre la intención de la investigación y su relación con las técnicas utilizadas y el archivo. De esta manera, el capítulo metodológico precisa algunos conceptos que se tienen en cuenta para la compresión del tipo de investigación, su enfoque y las técnicas utilizadas desde la etnografía. La utilización de las técnicas resulta ser de gran importancia, ya que invitan al diálogo con los sujetos de investigación y permiten una lectura y una conversación con el contexto, más aún, cuando este está cargado de experiencia de vida.

Es así, como las técnicas aportaron a la constitución del archivo que danzaba al ritmo de los niños, niñas, adolescentes y habitantes del territorio, brindando apertura al acercarse a ellos. Las técnicas se pensaron, así como se manifestó anteriormente, a ritmo de las prácticas de resistencias–convivencias y la cotidianidad de los barrios. Se utilizaron técnicas como la cartografía social, los grupos de discusión, las entrevistas a actores territoriales claves, el registro de murales y grafitis, la revisión de prensa, los mapas de calor y observación, todas estas técnicas entraron en la dinámica de las relaciones del contexto, y aunque cada una mostraba o se acercaba a uno de los tópicos priorizados categóricamente en la investigación, se fueron conjugando y relacionando.

Es importante mencionar que el proceso de análisis, en el sentido metodológico, significó un ejercicio de artesanía metodológica/académica; porque organizar la conexión de las técnicas como composición de archivo por categorías y luego hacer la relación entre las prácticas requería de una construcción minuciosa de cooperación entre ellas. Se trataba de entender los pincelazos a los que llega una técnica y su análisis, sabiendo hasta dónde se quería ir en el mismo contexto investigativo, lo que permitió una construcción de líneas que advierte la conexión entre los acontecimientos y las prácticas revisadas en la investigación.

El análisis se realizó a partir de las conexiones entre las categorías planteadas, se organizó a través de rejillas de encuentro entre técnicas y categorías. Los mapas de calor y la georreferenciación fueron herramientas importantes, desde allí se establecieron conexiones entre las prácticas, como por ejemplo los murales para hacer la conexión entre prácticas de violencia o delictivas y las prácticas de paz y paces.

Como parte del proceso de sistematización, análisis y resultados de este ejercicio investigativo, se encontró una conexión geográfica entre los lugares donde frecuentemente se realizan prácticas delictivas y los lugares donde se encuentran expresiones y prácticas de resistencia–convivencia y paces. Es una situación ejemplo que nos muestra cómo encontramos líneas que expresan conexiones, que no denotan una dualidad en el marco de su constitución, pero que presentan formas desde donde los sujetos construyen saber y que dan pautas a la investigación sobre cómo está compuesto su contexto. De igual forma, dicha situación permitió ubicar a los diferentes actores desde su contexto y analizar cómo se constituyen como sujetos que se ubican en la realidad, y desde allí, con la particularidad del territorio, aportando y tensionando la construcción de paces. Igual ocurre con la violencia y las prácticas que se desenvuelven alrededor; desde ese marco de relaciones se ubicó la relación entre la resistencia y la convivencia, que se moviliza desde los sujetos, produce tensión y contención de las prácticas, y actúa afectando la constitución del sujeto como parte de la producción de saber espontanea, que es regulada, motivada y expresada desde la práctica.

En el capítulo IV se presentan los principales hallazgos, se describen las prácticas encontradas en la relación territorial entre la triada de resistencia–convivencia–violencia, con las relaciones se contienen en ella misma y la triada de resistencias–paces–convivencias, para también potenciar la relación entre los dos grandes triados. Estas dos triadas permitieron referenciar cómo es que estos tipos de prácticas se relacionan con la intensidad en que se realizan. Se manifiesta un contínuum en la ubicación e intención que permite situar las relaciones con la violencia en tres segmentaridades de las prácticas: expansivas, cuando pasan de lo privado a lo público y viceversa; flexibles, cuando se convive con la violencia y se hace cotidiano, y primarias, cuando en el marco de estas se permite, se negocia y se perpetúa la práctica violenta.

La segunda triada, asociada con las paces, establece relaciones intencionadas, habla de las prácticas que intentan movilizar una acción o acto violento. Son prácticas dispersas, puesto que aparecen y desaparecen; sin embargo, su intención no agrupa una necesidad, bien sea colectiva o individual, o aquella que desde la acción o la práctica moviliza directamente la intensión de otros. De esta manera, se constituye una particularidad del ser niña, niño y adolescente en el marco de un territorio que tensiona las relaciones entre la violencia y la paz, pero que, además, presenta una forma de concebir estas categorías y delinea una forma de ser en su territorio y emerge su subjetividad con capacidad de movilizar a otros, lo que lleva a potencializar una producción de saber, este como lo pedagógico en lo ético, político y estético de las prácticas.

Por último, se presenta el capítulo de aportes al tema de las prácticas de resistencia–convivencia en el contexto de las violencias–paces como una construcción desde la multiplicidad; pero, además, como una producción de saber propia en el territorio, que se da desde escenarios no escolarizados, pero sí formadores de sujetos, donde la práctica, como experiencia cotidiana, regular y formadora, también expresa resistencias alrededor de las formas convencionales de la construcción de paz y de las formas como aparece la violencia en el territorio.

Capítulo I

1. Aspectos preliminares

«Se trata de enrollar y desenrollar»
«Más que resistirse debemos reexistir»
Pensamiento misak

1.1 Delimitación del problema

Los barrios Tokio y Las Brisas son territorios con dinámicas culturales, sociales, políticas y económicas diversas, como lo son muchos barrios en Colombia. Debido a la conformación y composición de origen; población desplazada, víctimas de violencia, presencia de estructuras criminales, reubicación urbana, entre otras, en estos barrios se encuentran características muy particulares desde su cotidianidad. No son ajenos al desarrollo de prácticas violentas, se podría decir, que en Pereira estos barrios se encuentran entre los que registran mayor índice de este tipo de prácticas.

Pero así mismo, las prácticas de los habitantes de estos barrios no solo se remontan a ejercicios de violencia, también realizan prácticas de paz y paces, de convivencia y de resistencia, a el ejercicio poder, denominadas así porque están orientadas a otras apuestas que desde sus cotidianidades tensionan su realidad. Cuentan con un nivel importante de repertorios formativos, donde líderes, ONG, entidades estatales y privadas aportan a generar espacios de prácticas que implica procesos pedagógicos; concepciones formativas y actividades de convocatoria especialmente para niños, niñas y adolescentes, que se convierten en actividades extraescolares y tienen un sentido importante de reconocimiento, autogestión y sentido de vida; son experiencias–producciones estéticas, como los grafitis, las danzas, los murales y los encuentros culturales.

Se encuentran diversidad de prácticas: las prácticas de violencias relacionadas en el contexto con el homicidio, el robo o el microtráfico y tensiones de poder alrededor de la legitimidad y control territorial; al mismo tiempo, las prácticas reconocidas como experiencias de paz, evidenciadas en murales, encuentros culturales, entre otros. Esta diversidad de prácticas tiene que ver con la construcción de la subjetividad de las personas en la comuna, que se relaciona con las prácticas cotidianas de convivencia, de contra-conductas,[1] pero también con prácticas de violencias en las que participan personas, instituciones y colectivos, manifestando relaciones del poder; estas las entendemos como multiplicidad de relaciones. Citando a Foucault (2007) «La multiplicidad de las relaciones de fuerzas inmanentes y propias del dominio en que se ejercen, y que son constitutivas de su organización; el juego que por medio de luchas y enfrentamientos incesantes las transforma, las refuerza, las invierte; los apoyos que dichas relaciones de fuerza encuentran las unas en las otras, de modo que formen cadena o sistema» (Foucault, 2007a, p. 112). Esta construcción de relaciones en la cotidianidad de las personas de los barrios Tokio y Las Brisas manifiesta tensiones en la forma como se constituye su territorio, donde reproducen experiencias de saber propio.

La comuna Villa Santana responde a un proceso de organización territorial donde emergen diversas situaciones. Su poblamiento obedece a los procesos de reorganización urbana del centro de Pereira y a procesos de planes de vivienda, por medio de donaciones de terrenos. Sin embargo, la gran mayoría de los barrios de esta comuna se constituyeron a partir de procesos de invasión y de reubicación de comunidades en contexto de desplazamiento.

El mayor porcentaje de población de la comuna de los barrios Tokio y Las Brisas se encuentra entre los 10 y 24 años, según las proyecciones

1. Término Utilizado por el doctor Javier Sáenz en el libro *Artes de vida, gobierno y contraconductas en las prácticas de sí*, donde retoma lo expresado por Foucault, quien la define como «la lucha contra los procedimientos puestos en práctica para conducir a los otros» (Sáenz, 2014).

del Departamento Administrativo Nacional de Estadística (DANE, 2021). Existe una alta participación de mujeres, donde se destaca la presencia de comunidades afrodescendientes e indígenas, que han llegado a la ciudad por causa del desplazamiento forzado y que han sido reubicados obedeciendo a los procesos de población de la comuna (Alcaldia Municipal, 2016).

Los barrios de este sector de la ciudad de Pereira cuentan con servicio de acueducto y alcantarillado, pero su funcionamiento y suministro son deficitarios. Sus vías principales se encuentran pavimentadas. Tienen un centro de salud que atiende aproximadamente 17000 habitantes de los barrios Tokio, Las Brisas, El Remanso y sectores aledaños. En aspectos de la vinculación de los niños, niñas y adolescentes a la educación, se encuentra que cerca de 13 de cada 100 niños no reporta ningún nivel educativo; según el informe de la alcaldía, se cuenta con un mega-colegio ubicado entre el barrio Las Brisas y Tokio, justamente en los límites entre los dos barrios, este responde a las necesidades de vinculación escolar en la zona.

Es de gran importancia la existencia de un buen número de grupos juveniles y organizaciones comunitarias que buscan potenciar el uso adecuado del tiempo libre de los niños, niñas y adolescentes[2]. En la co-

2. Se pueden identificar alrededor de siete organizaciones de impacto comunitario en los barrios Las Brisas y Tokio; entre estas podemos encontrar a las Hermanas Pasionistas, se ubican en el área familiar e imparten y trabajan mediante capacitaciones a padres y madres, talleres artísticos y lúdicos con los niños y niñas que asisten a la casa de las hermanas y ejercicios para los adultos mayores. La Fundación Enraizarte imparte formación de niños y niñas en cuanto a la diversidad cultural presente en el territorio y el respeto hacia esta. Otras organizaciones son: la Fundación Germinando; la Fundación Traza Sueños; Fundarte, que se centra en el trabajo artístico con danza y teatro para niños, niñas y adolescentes, e Impacto Juvenil, organización juvenil que vincula niños, niñas, adolescentes y jóvenes del territorio alrededor de actividades artísticas.

muna Villa Santana, los niveles de ocupación laboral son bajos. Desde el observatorio de convivencia y seguridad ciudadana se tiene reporte sobre este sector de la ciudad donde se presentan altos índices de violencia, delincuencia, consumo de sustancias psicoactivas y microtráfico, lo cual hace que sea una zona representativa de prácticas violentas de la ciudad.

Los barrios de este sector de la ciudad se mueven a través de intereses políticos, económicos, culturales y sociales, que permean y pueden generar efecto en los sujetos dentro de las posibilidades de mantenerse o transformarse a partir de las dinámicas y prácticas cotidianas de interacción en el territorio. En estas prácticas se configuran fuerzas enmarcadas en relaciones de poder, donde personas, grupos e intereses jalonan procesos particulares y territoriales a través de prácticas de violencia, materializada con actos delictivos y acciones de paces que no responden al sentir y vivencia de la comunidad. Paralelamente, también aparecen experiencias en el marco de la resistencia,[3] que están enlazadas con las relaciones de poder y que según como sean: tensionadas, ligeras, obligadas o legítimas, generan la posibilidad de resistir a los ejercicios paz, violencias o violencias estructurales. Porque desde las expresiones estéticas de diferentes actores de los barrios, emergen otras opciones de construcción de sus subjetividades, expresadas en estos procesos participativos y formativos de realizar murales, grafitis, danzas y encuentros culturales que colocan estas situaciones de violencia y de paz en un lugar diferente.

Cada una de estas prácticas evidencia la organización interna de los barrios y aporta en la emergencia de vertientes y variaciones de las

3. Se reflexiona a partir de los planteamientos de Foucault (2007a), «nunca en posición de exterioridad respecto del poder, siempre en el marco de un carácter relacional de estas relaciones. No existe más que en función a la multiplicidad de unos puntos, de una red, no se encuentra afuera, se encuentra en el marco de las relaciones de poder».

estructuras sociales que allí hacen presencia, que se resisten a la idea regularizada o estandarizada de sociedad y que buscan reorganizar las formas como lo siente y lo expresa la comunidad.

De esta manera, los barrios Las Brisas y Tokio representan un entramado de tejidos donde se reescribe la concepción de sociedad y se evidencian procesos de transformación de subjetividades. Se encuentran ubicados en un contexto histórico y demográfico que ha vivido en el marco de la reubicación de personas en condición de desplazamiento, del proceso de renovación urbana, de las invasiones, violencias y paces.

Como se había mencionado, los barrios están constituidos a partir de ejercicios de reorganización urbana y planes de vivienda; específicamente en 1995 para el caso del barrio Las Brisas, que partió de la opción que les propuso la Secretaría de Desarrollo Social de la ciudad a las personas que se encontraban ubicadas en el sector de la galería de Pereira[4] cuando se presentó el proceso de reubicación. Estos barrios brindaban una oportunidad de acceso a vivienda a personas con recursos económicos limitados y a personas reubicadas a causa del terremoto de ese mismo año. En el caso del barrio Tokio, se empezó a constituir a partir de un proceso de reubicación de algunos barrios de invasión de la ciudad de Pereira, como el barrio El Plumón, donde se habían asentado personas desplazadas a causa de la violencia de 1997, provenientes de los municipios del Chocó, Santander y Bolívar. Allí empezaron a convivir diversas formas, estilos, culturas y prácticas.

Describir las características de estos barrios permite desarrollar una versión de su constitución; muestra una radiografía actual de las relaciones de su conformación desde el adentro, entendido como lo que es vivido y sentido en la comunidad y que ha permitido tejer relaciones

4. La galería de la ciudad de Pereira era un espacio/lugar donde se concentraba el comercio de verduras y el mercado de la ciudad. Se ubicaba como un espacio territorial donde además de alimentos, se podía conseguir o acceder a sustancias psicoactivas (drogas).

con el afuera, que es la forma como se hacen conexiones con la ciudad. Esta relación del adentro y del afuera permite darle lugar diferencial a las expresiones y percepciones sobre el mismo barrio, emergiendo diferentes posturas sobre lo que se cree que es cada barrio y su contexto.

Se trata de barrios con una historia reciente que evidencia una realidad de la ciudad que se autorreconoce como parte de la periferia, donde confluyen actores de todas partes del país y de todas partes de Pereira, como causa del desplazamiento interno, que no es el único hecho determinante en su proceso de constitución. En la actualidad el barrio es reconocido, desde el afuera, como un sector llamativo para la constitución/ubicación de focos o escenarios de violencia, (robos, homicidios, lesiones personales y últimamente casos de violencia intrafamiliar y acoso sexual),[5] condiciones que permiten una reorganización de grupos delictivos fortalecidos por la ausencia del Estado.

En el marco de las relaciones desde «el adentro», se observan dinámicas semejantes a muchas de las que pueden tener algunos barrios del país, como por ejemplo los escenarios de convivencia, donde se aprende a vivir desde las violencias asumidas como cotidianas. Es habitual para sus habitantes identificar y convivir con los grupos delictivos, quienes dejan rastros de su presencia. Esta complejidad aumenta por la existencia de espacios interculturales, ya que permiten la interacción de las personas que se ubican en el territorio y que vienen de diversas partes del país, con gran afluencia del departamento del Chocó. Se dan diferencias culturales y semejanzas en la convivencia entre ellos. Existen calles y parques de encuentros; lugares por los que no se puede transitar; lugares de comercio, tiendas, supermercados; sitios de entradas y salidas; sitios con pivotes; el megacolegio; fundaciones artísticas, y ollas en la

---

5. Estas afirmaciones nacen de los comentarios y experiencias en el marco del desarrollo de otras investigaciones como representaciones sociales de paz en escenarios de reconciliación y en el marco de las investigaciones del *Programa de investigación: Transiciones violencias y memoria*, 2020.

calle haciendo el sancocho. asimismo, venta de estupefacientes; robos, y territorios delimitados por sus fronteras imaginarias, habladas, dibujadas o expresadas a través del grafiti, que cuentan la carga histórica de su constitución.

Diferentes situaciones se observan en «el adentro» del barrio, como son las prácticas de violencia evidenciadas por medio de las respuestas que diferentes actores les dan a otros sectores. Es la materialización de las relaciones de poder, proyectadas y marcadas por los grupos delictivos allí constituidos, que han permanecido en la lucha por el poder territorial, aproximadamente desde el 2002. Estos ejercicios de comprobación de las relaciones de poder se expresan a partir de diversos ejercicios de violencia, reflejados en robos, control del territorio y control del mercado criminal.

En este adentro, se reconocen prácticas que han permanecido, que movilizan, se esconden y reaparecen. Como ocurre con las prácticas de paces, también relaciones de poder, que se reproducen a través de los escenarios y ejercicios de convivencias, o de tensiones de lo que significan las paces para unos y otros, presentando tensiones en las prácticas violentas, que a su vez también manifiestan prácticas de resistencia frente a las prácticas de convivencia, tramitadas y expresadas a través del arte, del diálogo o de la danza, a partir de los espacios donde se transforman los conflictos.

El contexto de las violencias y las paces se constituyen en la expresión de una práctica particular que coincide con la fuerza del poder económico, del poder político y del poder de dominación social, como una reproducción de lo cotidiano, una reproducción donde la violencia aparece por la ausencia del Estado. Lo que termina dando vía libre a que se repitan estos escenarios de poder y control. En este contexto la cotidianidad se mueve al ritmo de las violencias, pero al mismo tiempo se marca al ritmo de las paces.

En contexto, la posibilidad de las violencias y paces se establece como parte de la dinámica y del vivir del territorio. Es decir, que ante las realidades producidas de lo que reconocemos como prácticas de las violencias, como el homicidio, el crimen organizado y la delincuencia, se produce una configuración y reaparición de grupos delincuenciales que conviven todos los días en estos barrios. En estas comunidades dichos grupos son aceptados como sector poblacional que se resiste a una paz que no es construida por ellos, y cuyas prácticas son naturalizadas como una expresión particular de la convivencia que se resiste a la legitimidad del Estado, que no representa la construcción territorial de una zona o sector.

En ese sentido, el trabajo comprende y profundiza las dinámicas de estos barrios. Por lo que se considera importante partir de su historicidad, en cuanto a las transformaciones que se han dado en un proceso de más de veinte años, y de su interrelación con los límites geográficos que los rodean. Las historias son constituidas a partir de diferencias culturales, encuentros, desencuentros, vivencias y miradas. Asimismo, son compuestas por las relaciones de poder; por espacios y escenarios compartidos, donde la resistencia–convivencia juega un papel significativo porque crea o fortalece elementos de la práctica cotidiana que no depende solo de los rasgos culturales objetivos del contexto y el sujeto, sino que también retoma las experiencias históricas y creencias prácticas generadas en la comunidad (Grimson, 2001), y que solo ha sido vivida por quienes habitan estos barrios.

Las relaciones establecidas en los recorridos de los barrios se producen en la mirada de «el adentro» y «el afuera» como un entramado. Estas miradas se refieren a las experiencias vividas que tienen relaciones de varias vías, son el resultado de una práctica diaria que contiene un carácter subjetivo de la realidad de cada individuo. Pero además son experiencias construidas desde lo colectivo, ya que responden a un pliegue no visto en primer plano, que influye en establecer relaciones a partir del control ejercido desde las relaciones de poder producto de diferentes estructuras. Estructuras, algunas legitimadas en el hacer del Estado y otras en las dinámicas de los grupos delictivos, que despliegan formas de resistencia a la legitimidad de un Estado que no los incluye, que no los ve. También se trata de relaciones de convivencia que se establecen al tiempo que está presente la violencia y el conflicto, porque se realizan prácticas afirmativas,[6] que fundan y recrean permanentemente límites y permiten llevar a cabo la cotidianidad. En estas relaciones se mueve el aceptar al otro, pero no compartir sus prácticas; además se generan otras relaciones que provocan la construcción de espacios comunes como salida a todo lo que emerge de la cotidianidad y que se reorganiza a través del arte, la danza y la estética, como expresiones que se materializan en las vivencias de los niños, niñas y adolescentes.

Entender esas relaciones que se presentan en los contextos de violencia, invitan primero a la reflexión desde la historia: ¿Qué prácticas habituales se reproducen en estos barrios que hacen que existan ese tipo de relaciones? ¿Por qué sigue siendo reiterativa la constitución de grupos delictivos? ¿Por qué la convivencia se vive desde el conflicto y la violencia? ¿Qué ocurre para que el ejercicio de violencia y su presencia sean repetitivos? ¿Por qué se reconfiguran grupos y hechos violentos? ¿Qué pasa donde muta la ausencia estatal? ¿Cómo se desarrolla el contexto de la violencia y las paces desde una posibilidad afectiva con el otro? ¿Cómo el arte, siendo la expresión estética de una cotidianidad, desarrolla canales que se resisten a la violencia y permite otras apuestas desde la convivencia? Y finalmente, ¿cómo es ese entramado de relaciones constituido en una propuesta y en una construcción de un saber particular y específico de un territorio, que despliega intereses, deseos, sensaciones, luchas, confrontaciones y amores a través de sus prácticas?

Asimismo, ahondar en estas relaciones permite acercarse a la subjetividad expresada en la construcción de un sujeto que atiende a un

---

6. Práctica afirmativa es un concepto desarrollado por Nelson Molina, quien hace referencia a las prácticas que desarrollan o aplican personas en las comunidades y permiten establecer límites con la violencia, pero que no se constituyen en resistencia, ya que no piensan ni desarrollan una estrategia para transformar.

periodo concreto de hechos y situaciones que denotan contenidos de sus propias prácticas históricas. Lo cual alimenta y se refleja en la existencia de una comunidad que conserva dinámicas violentas relacionadas con la resistencia al Estado, pero que al mismo tiempo responde a dinámicas de convivencia relacionadas con la construcción de prácticas de paces. Se trata de una resistencia relacionada con la construcción del sujeto en forma particular, donde emerge permanentemente la práctica de la convivencia relacionada con la violencia. Entonces se trata de la violencia que está relacionada con la práctica de las paces, es decir que son dinámicas de violencia relacionadas con la resistencia. Son en sí, una serie de relaciones que permiten ver en un territorio concreto cómo emerge y actúa la construcción de la relación sujeto/saber.

Sujeto/saber pensada como la posibilidad de la producción de saber de un sujeto inmerso en una comunidad, y que no solo se produce a través de las prácticas de conocimiento para sí mismo, sino que fortalece el saber comprendido como esas expresiones que permiten ver las nuevas formas de subjetividad, fuera de los espacios institucionalizados. Me propongo mostrarles cómo es que las prácticas de los sujetos —ya sean reales, reflexivas o discursivas—, producen dominios de saber que no solo hacen que aparezcan nuevos objetos, conceptos y técnicas, sino que generan formas totalmente nuevas de sujetos y sujetos de conocimiento. El mismo sujeto de conocimiento posee una historia, la relación del sujeto con el objeto; o, más claramente, la verdad misma tiene una historia (Foucault, 2001).

El papel del sujeto se relaciona con un saber que se constituye en un territorio y que es propio de sus dinámicas. En palabras de Foucault (1973), es un saber qué hace parte de una creación temporal, donde esa producción está directamente ligada a la construcción del sujeto: Foucault manifiesta:

> Sería interesante que intentáramos ver cómo se produce, a través de la historia, la constitución de un sujeto que no está dado definitivamente, que no es aquello a partir de lo cual la verdad se da en la historia, sino de un sujeto que

> se constituyó en el interior mismo de ésta y que, a cada instante, es fundado y vuelto a fundar por ella. (Foucault, 1973, p. 3).

Se trata de una construcción del sujeto en una relación donde aparecen las prácticas sociales como esa posibilidad de creación de un saber propio dentro de una comunidad y en una temporalidad. «Las prácticas sociales pueden llegar a engendrar dominios de saber que no solo hacen que aparezcan nuevos objetos, conceptos y técnicas, sino que hacen nacer además nuevas formas de sujetos y sujetos de conocimiento» (Foucault, 1973, p. 3).

Es así como se tratan de identificar esas producciones de saber dentro de las prácticas de los sujetos, en el marco de procesos de formación y educación que no incluyen la escuela como referente de institución. Al respecto Dietrich Benner, citado por Runge Peña y Muñoz Gaviria (2012), dice:

> Se considera la educación cómo una praxis o práctica que está en la base de cualquier dinámica humana compleja (sociedad), donde estas prácticas que son formativas se constituyen en dinámicas que aportan a la praxis de una comunidad; una relación directa de la relación saber–práctica–sujeto (p. 77).

Ahora bien, la Figura 1 precisa desde un campo de relaciones, lo que se pretende con esta investigación. La producción de un saber emergente a partir de la relación encontrada entre las prácticas de resistencia–convivencia que afectan las vivencias de los niños, niñas y adolescentes en el contexto de las violencias–paces, en los barrios Tokio y Las Brisas de la comuna Villa Santana. Se presentan relaciones que no son de doble vía, relaciones que se contienen y demarcan líneas emergentes con respecto a la forma de relacionarse con el mundo. Son formas diferentes de entender las estructuras y recrear otras, más esas formas de tensionar y movilizar relaciones de poder, cuando niñas, niños y adolescentes no se identifican ni reconocen como legitimo a un Estado ausente. Entonces esa relación se fragmenta y busca reelaborarse desde otras dimensiones; en este caso, tensionando la idea de paz y violencia, pero mostrando en su práctica un sujeto inmerso en un territorio.

Figura 1. Problematización

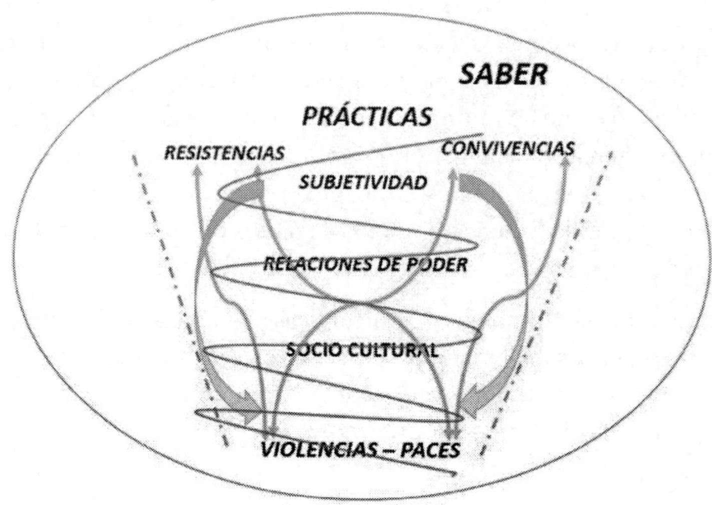

Fuente: elaboración propia.

Esta investigación pretende revisar, mirar y aproximarse a lo que está pasando en esas relaciones que hacen que la violencia permanezca. Por otro lado, busca visibilizar las prácticas continuas que reescriben la forma como los niños, niñas y adolescentes construyen paces desde sus territorios, desde sus vivencias, y que de alguna manera logran movilizar a toda una comunidad, construyendo un sujeto político que potencia ejercicios para pensarse en sociedad.

La resistencia aparece como una iniciativa en varias direcciones y con varias ramificaciones. Se resiste al control establecido por el Estado que no es legitimado, porque no lo sienten parte suyo, porque no es reconocido, porque encuentran en estos grupos delictivos un escenario dónde legitimar el poder, y lo reproducen a través de estas prácticas. Pero también, se resiste en los escenarios de violencia, a través de prácticas de convivencia, que transforman escenarios violentos por medio de experiencias estéticas cotidianas.

En medio de estos escenarios de violencia se respetan acciones culturales, se fortalece la resistencia y se logran ejercicios de transformación significativos. Existe tensión entre las dinámicas enmarcadas en las propuestas de construcción de paces que fortalecen un sujeto ético y ganan espacios en las comunidades. Al tiempo, se fortalecen espacios que se construyen a través de las experiencias del arte, espacios que forman y educan, pero también se construyen otros espacios que violentan, que también se reproducen en el juego de las relaciones de poder.

En palabras de Foucault (1999) estas relaciones de poder no son exclusivas del poder del Estado, nos dice que:

> Entre personas diferentes, en una familia, en una universidad, en un cuartel, en un hospital, en una consulta médica, hay relaciones de poder que circulan: cuáles son, a dónde conducen, cómo unen a los individuos, porqué se soportan o porqué en otros casos no son soportadas (p. 144).

Las relaciones de poder que se dan en diferentes personas, familias, en diversas direcciones, que actúan al interior de la comuna Villa Santana, en los barrios Las Brisas y Tokio, pueden denominarse autoritarias. Touraine manifiesta que estos poderes autoritarios: «tienen la voluntad de unificar culturalmente la sociedad, para imponer un control absoluto a unos individuos cuyos intereses y creencias son siempre diversos» (Touraine, 1997, p. 136). De la misma forma, buscan dinamizar el territorio desde los intereses y particularidades que lo han constituido, manteniendo prácticas que los materializan.

1.2 Problema/pregunta de investigación

¿Qué prácticas de **resistencias–convivencias** que se producen en el contexto de las **violencias–paces** afectan las vivencias de los niños, niñas y adolescentes en la Comuna Villa Santana (Barrios Tokio y Las Brisas)?

1.3 Objetivos

1.3.1 Objetivo general

Describir las prácticas de **resistencias–convivencias** que se producen en el contexto de las **violencias–paces**, y su afectación en las vivencias de los niños, niñas y adolescentes de la comuna Villa Santana (barrios Tokio y Las Brisas, Pereira).

1.3.2 Objetivos específicos

- Identificar las prácticas de **resistencias–convivencias** en los niños niñas y adolescentes de la comuna Villa Santana, Pereira.
- Reconocer la relación existente entre **resistencias–convivencias** con las **violencias– paces** en las prácticas de niños niñas y adolescentes de la comuna Villa Santana.
- Describir cómo las prácticas de **resistencias–convivencias**, en el contexto de las **violencias–paces**, movilizan las vivencias de los niños, niñas y adolescentes de la comuna Villa Santana.

1.4 Justificación

Los barrios Tokio y Las Brisas en la comuna Villa Santana son barrios de estrato 1 y 2. Sus dinámicas se dan con más ausencia que presencia del Estado. La fuerza y el control de la ley no brinda la posibilidad de escuchar y entender las dinámicas de la comunidad. Se promueve la cultura política a partir del ofrecimiento de beneficios en épocas electorales y luego los barrios son olvidados; se les plantea políticas de atención y promoción que buscan el empoderamiento de la comunidad. La historia de estos barrios indica operación de la delincuencia, del desplazamiento forzado y de la incidencia de violencia en el marco de los hogares. En este sector han vivido la violencia, como violencia estructural o violencia directa[7]; se han establecido relaciones en el marco de las acciones de grupos delictivos constituidos en busca del dominio territorial y del dominio del mercado criminal. Las personas que cohabitan viven experiencias internas que se materializan a través de sus prácticas y que permiten que allí se construya una lectura de ciudad y de barrio, diferente a la que desde las relaciones desde «el afuera» se proyecta. Es una lectura que permite la convivencia con la violencia y que admite el desarrollo de expresiones y acciones, que reafirman tanto la resistencia a la violencia como la resistencia a la paz, una paz que en el territorio no es pensada ni sentida en la comunidad como una idea única de paz.

La convivencia en la comuna Villa Santana ha sido marcada por la experiencia de violencia, pero también por una lectura de paz diferente que implica la construcción de una realidad propia que no responde a los cánones de paz establecidos a nivel nacional. Es más, no existe un sentimiento en el cual se reconozca una paz que pide un estado de quietud y de tranquilidad impuesta, donde no se reconozca el sentir y la producción de la comunidad.

Entonces, en este contexto se establecen ejercicios de resistencia a la violencia y a esa paz preestablecida que no los reconoce. Se fortalecen escenarios que describen la trasformación de la comunidad en la medida que los niños, niñas y adolescentes buscan espacios para encajar, salir o expresarse. En el marco de esas resistencias se construyen subjetividades, que desde sus prácticas despliegan formas de sentir y actuar, de rechazar y aceptar o de convivir con las violencias y las paces.

Las resistencias son constituidas en escenarios de red, que se dan alrededor de relaciones y tensiones presentes en las relaciones de po-

---

7. Violencia directa: es aquella que se presenta de forma visible y se concreta a través de comportamientos y acciones o actos de violencia.
Violencia estructural: conjunto de estructuras que no permiten la satisfacción de necesidades. Se concreta en la negación de las necesidades (Galtung, 2016).

der. Mientras las convivencias son logradas como una estrategia comunitaria, que no se evidencia al interior de la comunidad en su totalidad, pero sí se interiorizan en el sentir y en las prácticas cotidianas de los niños, niñas y adolescentes; son pensadas con una intencionalidad, que también van adquiriendo valor en lo público, con la capacidad de potenciar la formación del sujeto. Espacios donde se acota la participación del otro, se acepta, pero que no se comparte, adquieren importancia en las formas como se relacionan los sujetos y en los vínculos que se dan al interior de los barrios. Lo cual hade pensar que sí existen posibilidades de paces en medio de hechos donde persiste y se reproducen prácticas violentas.

El describir las prácticas de **resistencias–convivencias** en los contextos de las **violencias–paces** permite establecer relaciones que podrán explicar las subjetividades presentes en estos barrios. No con el objetivo de estigmatizar o excluir, sino con el interés de evidenciar esas prácticas subjetivas, que producen elaboraciones o creaciones de saber propio y que de alguna manera identifican las relaciones de poder allí establecidas. Además, permiten pensar y reflexionar sobre cómo explorar e identificar las intenciones y manifestaciones desarrolladas en las comunidades que movilizan esos ejercicios de violencias, que en muchos casos responde a dinámicas estructurales de exclusión. Lo cual señala sus condiciones de vida y particularidades, como el acceso a los servicios públicos y a la salud de calidad, permite identificar formas de producción de saber, fortalecido desde lo cotidiano y que reproduce ideas de paz y de violencia y que forma en el barrio en lo cotidiano, fuera de la escuela.

La resistencia en estas comunidades no solo aparece como un proyecto ético–político que tensiona a los ejercicios del Estado que transforma y luego desaparece. La resistencia se produce de acuerdo con el tipo de relación establecida con la violencia y, sin embargo, se podría considerar que existen en estas comunidades diversas formas de producir resistencia a través de las prácticas de paz, a través de prácticas cotidianas y estéticas, pensadas no solo como la ausencia de conflicto, sino como esa forma particular que tiene cada comunidad de ser revestida de dinámicas culturales que le permiten relacionarse con el mundo y expresar lo que son.

En la comuna Villa Santana, las relaciones de poder muestran las dinámicas de la reorganización territorial. Estas marcan una tensión enlazada en el contexto sociocultural y en el contexto estructural. Dichas relaciones configuran o reconfiguran tensiones entre las **violencias–paces, violencias–resistencias, violencias–convivencias**, movilizando el saber que se produce, desde una estructura que ejerce control en la comunidad. También cobra valor la tensión que existe entre **paces–violencias, paces–resistencias, paces–convivencias.** Estas relaciones existen y aparecen en un ejercicio práctico donde se personifica la vida cotidiana y la subjetividad de los individuos o del colectivo. Es así como se pretende identificar las prácticas en el marco de las relaciones entre las **resistencias–convivencias, resistencias–paces, resistencias–violencias.** Por otro lado, se busca evidenciar cómo se producen, cómo se tensionan estas prácticas y sus relaciones entre las **convivencias–violencias, convivencias–paces, convivencias–resistencias**; pensadas desde las características territoriales y específicas de las prácticas diarias de la comunidad.

Está investigación pretende acercarse a la producción de saber, reconociendo las relaciones que se tejen en el marco de la construcción de las paces y la convivencia histórica con la violencia. Se trata de indagar sobre la producción de un saber/pedagógico de aprendizaje que está configurado desde las relaciones que se dan en un contexto, pero que no se desliga de la constitución de los niños, niñas, adolescentes como sujetos, quienes construyen un saber desde las relaciones que emergen en las prácticas desde su estética y por medio de las cuales movilizan su relación con el mundo y consigo mismos.

Capítulo II

2. Líneas teóricas y referenciales

2.1 Estado del arte o antecedentes

Como una aproximación al estado en cuestión que se enmarca entre las relaciones establecidas desde la resistencia, la violencia, las paces y la convivencia, se inicia con la aproximación a investigaciones y artículos de reflexión que permiten avanzar en la comprensión de cómo son tratadas en el ámbito científico las categorías pensadas en este trabajo.

Inicialmente se revisó el documento «Comunidad y resistencia poder en lo local urbano» (Perea, 2006). Su objetivo es realizar una reflexión acerca del concepto polisémico de «comunidad», así como abordar dicho concepto desde una perspectiva histórica, pasando por los momentos de la humanidad que han hecho que el concepto evolucione y sea como lo que es conocido actualmente. Metodológicamente este documento se acerca a la recolección de los datos que se aplicaron desde técnicas como la entrevista, ya que claramente en el artículo expone textualmente las opiniones de los entrevistados. Posteriormente, hizo un análisis semántico de ciertas palabras que hacen referencia al concepto de «comunidad», lo cual permite concluir que el paradigma en el cual se situó el autor del documento es en el hermenéutico. La búsqueda bibliográfica le permitió al autor analizar lo obtenido bajo el lente de teóricos como Max Weber.

Otro de los documentos revisados se enmarca en la resistencia y la dinámica del poder, es el documento «Entre poder y resistencia, tras los rastros de la política en Foucault» (Orellana, 2012). Es un ensayo que tiene como propósito analizar el concepto de poder en el momento «genealógico» de la obra de Michel Foucault para perfilar algunos rasgos de lo que el autor entiende por política. También busca exponer los momentos en que Foucault escribe sus obras y cómo en ellas se aborda el tema del poder. Para esto, el autor hace un análisis a profundidad acerca de las aproximaciones de Foucault al concepto de poder. Se realizó una revisión bibliográfica de las obras escritas por dicho autor y posteriormente se abordaron los aportes de análisis del discurso que corresponde con el primer momento de su obra, «arqueología» y el segundo momento, «genealogía».

Son varios los estudios e investigaciones que se pueden encontrar con respecto al tema de resistencia. En esa búsqueda se encuentra el texto «Resistencia Legítima frente al conflicto colombiano. Una reflexión teórica a partir de una Comunidad de Paz» (Naucke y Halbmayer, 2015). Este artículo busca reflexionar sobre las alternativas de resistencia pacífica desarrolladas por la población civil y los movimientos sociales; en especial, el caso de la Comunidad de Paz de San José de Apartadó. La recolección de datos se realizó mediante la técnica de la entrevista, y gracias a este instrumento se pueden evidenciar los procesos sociohistóricos, los conflictos y las formas cotidianas de vivir en la comunidad. Adicional a esto, se relacionó la información recolectada mediante la técnica mencionada por los teóricos, Hollander, Einwohner; lo que en especial permitió generar una reconceptualización de la idea de «resistencia legítima» de O`Brien. Entonces, por medio del aporte de este texto se cuenta con una mirada de algunos teóricos que hablan sobre resistencia legítima, la diferencia que impera en lo relacionado con las comunidades de paz, en especial con la de San José de Apartadó. La denominada resistencia legitima tiene como objetivo el ejercicio de los derechos de la población civil, los cuales están contemplados en la Constitución Política de Colombia y en tratados internacionales.

Por otro lado, se revisó el texto «La resistencia social: una resistencia para la paz» (González, Colmenares y Ramírez, 2011). El documento invita a reflexionar sobre el concepto de resistencia como una opción o alternativa para repensar y reconfigurar algunos conceptos como el poder, lo público, la comunidad, lo social, la guerra, la democracia, entre otros. Dichos conceptos le hacen frente a un contexto cada vez más inmediatista e individualista, el cual representa un obstáculo para los procesos comunitarios. Los autores aterrizan estos conceptos teóricos al caso colombiano, en específico a la comunidad indígena nasa. Para lograr dicho objetivo, primero abordaron las teorías de Bauman y Guattari, quienes se aproximan a una contextualización del «presente complejo» y todas las dinámicas que cada vez se hacen más visibles y que han alterado de un modo u otro la forma de vida de las personas como seres humanos y como seres sociales. Posteriormente, se basan en Óscar Useche para abrir paso al concepto de resistencia y sobre todo resistencia social, sus fines, objetivos y diferencias o discrepancias con otros conceptos de resistencia que se han venido propagando.

Asimismo, se revisó el documento La educación para la paz en Colombia está vinculada a su dimensión curricular y relacional a partir, principalmente, de los acuerdos de paz del año 2016. Del Pozo Serrano, Francisco (2019). Educación para la paz, desde la investigación-acción, en el caribe colombiano. Educación Social. Revista de Intervención Socioeducativa, el cual se centró en analizar las problemáticas principales que se percibían en instituciones educativas del caribe colombiano con relación a las acciones de construcción de cultura de paz territorial, en donde se identifican en sus resultados un proceso de reconocimiento de las principales violencias escolares y comunitarias; como también las buenas prácticas de educación para la paz a partir de la mediación entre las pedagogías y educaciones escolares y sociales en las fases de investigación practicas educativas, se rescata principalmente en las conclusiones como:

> Los proyectos de investigación-acción para la paz pueden movilizar procesos entre escuelas, familias y comunidades para construir cultura de paz territorial en regiones vulnerables con incidencia de múltiples violencias y desarrollar procesos colectivos para la apropiación social del conocimiento y la transferencia de este. (p. 48)

Otro de los documentos consultados y que permitió acercase a los planteamientos de Foucault y su visión de poder desde la resistencia, es el texto «Ontología de la resistencia» (Ramírez, 2017). En él se propone analizar filosóficamente el concepto de «resistencia», que es motivado por el hecho de que el término resistencia ha estado presente en reflexiones y elaboraciones de distintos filósofos de los últimos tiempos, en especial del siglo XX y lo que va del presente. Además, la intención del documento es generar un análisis que pueda servir para entender, en una dimensión más profunda y consistente, el sentido de los movimientos de resistencia a través del esclarecimiento del significado filosófico y ético–político del concepto de resistencia.

El texto *Noviolencia, resistencias y transformaciones culturales* (López–Martínez, Useche y Martínez, 2016), parte de recopilar textos, artículos de investigación, ensayos y demás documentos que abordan el tema de resistencia civil desde la no violencia para poder exponer la tendencia cada vez más creciente a la realización de investigaciones en este tema a nivel mundial. Por lo anterior, se exponen los resultados de la revisión bibliográfica de documentos que abordan el tema de resistencia civil desde el concepto de la noviolencia. Esta revisión cuenta con documentos de varios países, en especial, aquellos que han sufrido conflictos armados o se han visto inmersos en escenarios bélicos, como el caso de Suráfrica, India, Chile, España, Polonia, México, Colombia, entre otros. Todo esto con el fin de posicionar el concepto de noviolencia, más allá de la simple negación de la violencia; lo cual implica darle un carácter más trascendental, teniendo en cuenta las acciones que se han venido gestando desde el siglo XX, pero que tomaron una fuerza histórica después de la Guerra Fría y se vieron impulsados por los movimientos sociales de feministas, sufragistas y defensores de derechos humanos.

El texto *Cotidianas violencias, padecimientos y resistencias* (Seveso y Aimar, 2012), permite reconocer los diferentes tipos de violencia existentes en la cotidianidad, cuyos sujetos se encuentran en una situación de padecimiento y también se encuentran inmersos en las tenciones propias de las violencias, bajo una posición de pasividad. Primero se aborda un conjunto de artículos que acercan a una relación con las formas de conjuración del sufrimiento. El segundo conjunto de artículos que componen esta edición expone la situación de afrontar las violencias simbólicas y materiales que se van tejiendo en el cotidiano, atravesadas por complejos procesos de estructuración que van dando forma a los cuerpos y las emociones. En esas mismas relaciones y acciones, aparecen siempre resistencias, acciones tendientes a mantenerse y no cesar. De esta manera, la risa, el auto encierro y la asistencia, van mostrando diversas formas en que un problema «sin solución» encuentra situaciones que permiten sobrellevar los acontecimientos del vivir. Pero igualmente, se abre un espacio para la crítica, la resistencia y la insurrección que confrontan las formas de poder y dominación.

Uno de los mayores aportes a la temática de resistencia son los planteados desde la resistencia comunitaria, para ahondar en esta temática se retomó el texto *Resistencia comunitaria y transformación de conflictos* (Molina, 2005). Este texto se encarga de ubicar el concepto de resistencia, desde lo teórico y lo práctico, como una alternativa a la resolución de conflictos y para hacerle frente a los procesos de dominación. Así como también conceptualiza el término «resistencia» y en especial resistencia comunitaria y sus formas de ejercer poder para la transformación de conflictos. En un primer momento, el autor hace un acercamiento teórico de las relaciones de poder y por consiguiente el surgimiento y génesis de la resistencia a partir de la teoría de Foucault; en esta se aborda la resistencia como un proceso que supone la existencia del poder. «Foucault habla de la existencia de un poder disciplinario entendido como una condición burguesa e industrial, que facilita condiciones de vigilancia, de control y de normalización» (Molina, 2005).

El monográfico *Políticas del Miedo: Violencias y resistencias* (Piper y Calveiro, 2015), incluye textos que buscan promover debates críticos en torno a las violencias actuales y las políticas del miedo como mecanismos de control y subjetivación, así como en torno a las formas de organización y resistencia que la sociedad civil ha desarrollado frente a ellas. El documento nos sitúa en un contexto sociopolítico en el que se entrelazan las violencias públicas y privadas, de las cuales surge la «violencia generalizada» y los escenarios bélicos que se vienen presentando alrededor del mundo, lo cual potencia la violencia y el miedo. Estos dos factores pretenden darle paso a las estrategias de dominación que puede ejecutar un gobierno y que gracias a estos escenarios tiene alguna especie de legitimación social para hacerlo. A partir de esto, aparecen las organizaciones de la sociedad civil, desde sus múltiples concepciones y movimientos sociales, como estrategias de resistencia y para buscar otras formas de justicia, cuya consecuencia es la construcción del sujeto colectivo.

Siguiendo el recorrido por los antecedentes, se hace una revisión de textos que permiten evidenciar el tema en el marco de la violencia y su relación con niños, niñas y adolescentes. Es así como se cuenta con el texto *Responsabilidad global y los ritos cotidianos del no. La violencia contra niños y adolescentes* (Pinto de Castro, Simões de Araújo, Lima de Paulo y Crócomo, 2012). Se expone una reflexión de la responsabilidad global, presente en el entorno social, económico, científico, entre otros, para entender la interconexión de las personas con diferentes geografías, culturas y momentos históricos. De esta manera, analizan la violencia que cobija a la niñez y a la adolescencia. Trabajan diferentes visiones que se han generado en torno a la responsabilidad global, que se basan específicamente en las peleas simbólicas entre ética y política, derivadas de las crisis económicas que sufre una sociedad. Señalan que, en el movimiento circular entre la costumbre, la acción y el hábito se va constituyendo el sujeto ético.

Por otro lado, en el marco de la violencia contra niños, niñas y adolescentes, se toma el texto *Buscando pistas para prevenir la violencia urbana en Colombia: conflicto y agresión entre niños, niñas y adolescentes en Bogotá* (Chaux, 2002). El autor busca comprender los conflictos interpersonales a los que se enfrentan cotidianamente los niños, niñas y adolescentes que viven en condiciones socioeconómicas difíciles en Bogotá. Describe que la mayoría de los estudios realizados sobre la violencia hacia los niños, niñas y adolescentes surgen principalmente con base en el conflicto armado, pues este es considerado como un macroproblema. Asimismo, plantea que es posible pensar que el hecho de que los niños y adolescentes se dediquen a defender sus intereses por medio de agresiones es porque no han recibido el mensaje de que el diálogo es la mejor opción; pero es todo lo contrario, ellos reciben el mensaje en lugares como la casa, el colegio, entre otros, pero aquellos mensajes no están acompañados de prácticas para un diálogo adecuado.

En el texto *Aproximación teórica a la violencia*, González y Villacorta (1998) resaltan que con el paso del tiempo la violencia ha sido uno de los ejes más vigilados en torno a diferentes ámbitos, como el social, el psicológico, el económico, etc. De igual forma afirman que la violencia se ha dotado de evolución haciendo más compleja su erradicación; no obstante, aseguran que las entidades encargadas de proteger a la ciudadanía de la violencia han logrado ampliar su efectividad frente a la problemática. Contando con lo anterior, las investigaciones se llenan cada vez más de contenido cuantitativo, pues las cifras presentadas de cualquier tipo de violencia han logrado ser acertadas y forjan así un material más extenso para el avance de las investigaciones.

En esa misma línea en la que se vienen describiendo los documentos, se encuentra el texto *Una reflexión filosófica acerca de la violencia* (Caponnetto, 2002). Allí se plantea la violencia como algo sufrido en algún momento por todos los individuos, bien porque son víctimas o porque son victimarios. Recae en cada uno de los ámbitos en los que se desarrolla el ser humano, la violencia siempre ha estado radicada en la sociedad y representa un tipo de acción física o verbal, de mayor o menor nivel, aceptada o repudiada, pero que genera una gran preocupación en cuanto a su tratamiento y erradicación.

El texto de presentación del Grupo de Trabajo en Violencias y Subjetividades del Consejo Latinoamericano de Ciencias Sociales (CLACSO), 2019, expresa que el contexto latinoamericano actual se desarrolla a partir de distintos conflictos; principalmente entre los gobiernos populares de amplia base social que buscan la igualdad frente a las políticas económicas neoliberales. La dinámica económica se encuentra en creciente desigualdad e inequidad y a esto se le suman los conflictos generados desde el ámbito de la apropiación del Estado y la criminalización a sectores de la población.

Las prácticas violentas han existido a lo largo de toda la historia y han tenido diversas transformaciones, generando consecuencias importantes en las personas que las padecen. En Latinoamérica, dichas prácticas violentas se han presentado a partir de modelos económicos de sobreexplotación. Su máxima expresión han sido los crímenes de lesa humanidad ocurridos durante el terrorismo de Estado en la segunda mitad del siglo XX, lo que ha generado un gran impacto en las víctimas fatales y consecuencias subjetivas y sociales. Las prácticas sociales violentas que tienden a la producción social de subjetividades suelen ser opacadas por la violencia delincuencial, y esto hace que persistan y se reproduzcan.

El articulo denominado: *El problema de violencia y sus enfoques* de González (2016) busca dar respuesta a algunos interrogantes que giran en torno a la temática de la violencia, entre ellos: ¿Qué es la violencia y cuáles son sus raíces y/o condicionamientos sociales, económicos, culturales y biológicos? González ofrece reflexiones a partir de tesis básicas extraídas del campo científico social y natural, y también desde un aspecto filosófico. De esta manera expone que la violencia se inicia con conceptos como el planteado por una dimensión física; es decir, la violencia desde el componente de fuerza efectiva que ejercen los agentes violentos (victimarios) en contra de quienes la padecen (víctimas).

En el texto *Aproximación teórica al concepto de violencia: avatares de una definición* (Blair, 2009) se presenta una aproximación teórica al concepto de violencia y evidencia la complejidad que es conceptualizarla, dada la variedad semántica de la palabra. Realiza además un análisis de la reflexión en el contexto colombiano. De esta manera, se advierte que es necesario construir, deconstruir y reconstruir los conceptos o las interpretaciones con las cuales se trabajan en las diferentes investigaciones, y de esta manera proponer a partir de ellos nuevas vías de análisis y nuevas preguntas para trascender la descripción ya dada desde la antropología, la política o la sociología de los fenómenos de la violencia. Blair analiza cómo el concepto de violencia termina siendo además un concepto comodín que sirve para nombrar todo, y por eso no dice nada.

Hace referencia al autor Thomas Platt, quien establece que «a medida que el término se hace más extenso, su intensidad disminuye. O, en otras palabras, a medida que aumenta la gama de significados de un término, su fuerza descriptiva se contrae». Lo cual explicaría de alguna forma lo que pasa en Colombia, donde –por lo extensivo de su uso– la palabra violencia cada vez significa menos.

2.2 Marco teórico de la investigación

2.2.1 La diversidad de conceptos y teorías, la relación de las violencias y las paces desde las prácticas cotidianas

Las reflexiones en torno a las teorías de la paz son variables y diversificadas. En la actualidad latinoamericana se ha incrementado la utilización del término paces como una variable que incorpora las realidades de la paz territorial, que muestra la existencia de diferentes concepciones y miradas. Haciendo una revisión de las reflexiones que se han dado alrededor del término, es necesario examinar la concepción desde la Eirene[1]; como también el aporte desarrollado por el sociólogo noruego Johan Galtung. Existe una tendencia europea de los estudios de la paz a partir de los aspectos precisados por este sociólogo. Dichos aspectos giran alrededor del círculo de la violencia, la violencia directa, la violencia estructural y la violencia cultural, a partir de allí se profundiza en la paz positiva y la paz negativa. Así lo expresa Johan Galtung (2003), citado por Bautista (2018):

1. Concepto griego utilizado para denominar la paz, su significado en griego hace referencia a «aquella que trae la paz». En muchos de los estudios e investigaciones para la paz el concepto es utilizado para hacer referencia al concepto de paz.

La paz tiene dos dimensiones: una positiva y otra negativa. La paz negativa se define como la ausencia de violencia directa y las investigaciones que adoptan este enfoque se centran en los conflictos.

> La paz negativa es entendida como guerra y defensa; igualmente, como único modelo eurocéntrico; y emergencia de la posguerra mundial, donde los centros de investigación para la paz y el surgimiento de las ong modificaron la visión de la paz negativa (p. 15).

Por otro lado, la paz positiva se refiere a la promoción de la solución pacífica de conflictos. Es decir, este tipo de paz fomenta la cultura de paz. Las investigaciones en esta materia se enfocan en el desarrollo y los derechos humanos.

> La paz positiva aparece con el fortalecimiento de los centros de Investigación para la paz; propone una perspectiva de intervención que liga los conceptos de paz y desarrollo, con una clara incidencia de los países avanzados sobre los del Tercer Mundo y forma un desarrollo como militancia antibélica y la emergencia de nuevas categorías de análisis (género y ecología) (p. 15).

De ahí nace una vertiente de estudios para la paz que profundiza en otras variables, discusiones y términos. Abordan la paz de una forma integral y permite diversas comprensiones, como las relaciones establecidas entre las categorías de paz y paces o la apuesta de la paz neutra, donde se propone una nueva configuración de los estudios para la paz, que implican la ausencia de violencia cultural y/o simbólica (Jiménez, 2012, p. 2). Francisco Jiménez, adscrito al instituto de la paz y los conflictos de la Universidad de Granada, España, es el principal exponente de esta concepción que retoma históricamente el desarrollo del concepto de paz negativa como ausencia de violencia y el de paz positiva como ausencia de violencia estructural o violencia directa. La paz neutra se construye en el marco de la activación de las personas en las prácticas que pretenden reducir la violencia estructural, y se acentúa con la apatía social o la poca importancia ante el efecto de esta violencia en la sociedad y es aceptada como una dinámica presente y normalizada.

El concepto de la paz neutra, según Jiménez (2012), explicita de manera enfática que nada es neutro ni en la forma más objetiva. Sin embargo, expresa que su esbozo no es contradictorio, sino que se orienta más a los planteamientos de Habermas, en tanto que propone como método el diálogo o lo dialógico con la intención de comprender las palabras y usar el lenguaje como ejes para la resolución, gestión y transformación de los conflictos. El lenguaje se convierte en la estructura fundamental para realizar la gestión del conflicto y desarrollar pensamientos en busca de reflexionar y pensar la paz, precisando que en el discurso los juicios son los que pueden detonar un conflicto. Se trata entonces, de entender el lenguaje como base de la comunicación humana en una dinámica compleja y neutra.

Jiménez (2012) recoge los diversos paradigmas planteados desde las ciencias sociales y expone el método dialógico utilizado desde la investigación para la paz desde una perspectiva empírica, constructivista, hermenéutica, entre otras, pero enfoca su acción en el diálogo y la interpretación de este. En su propuesta genera una crítica a los métodos convencionales[2] que aportan a la idea de construcción de paz. No obstante, su postura retoma aspectos de los diversos métodos hermenéuticos orientados a la interpretación y comprensión, y destaca a autores como Gadamer, para precisar la propuesta de la paz neutra.

La paz imperfecta es otra de las elaboraciones en torno al concepto de paz, que es bastante utilizada en términos de la investigación. Este concepto, trabajado por Francisco Muñoz, profesor de la Universidad de Granada, España, busca reconocer las experiencias desde la diferencia en la construcción de paz. Muñoz retoma los aportes de la teoría de la complejidad planteada por Morín, con la intención de fortalecer la teo-

2. Cuando habla de métodos convencionales hace referencia a los estudios positivistas de lógicas planas, desde donde se involucra el estudio para la paz como una visión unívoca.

ría de la paz imperfecta como categoría de trabajo en las investigaciones para la paz.

Muñoz y Molina (2004), plantean que la denominación de paz imperfecta se genera en las experiencias vividas y en los espacios de conflictos que se regulan pacíficamente, donde los individuos o grupos humanos eligen la satisfacción de las necesidades de los otros sin ningún tipo de presión; en sus palabras: «sin que ninguna causa ajena a sus voluntades se lo haya impedido» (p. 39). Este argumento de las paces imperfectas refuerza la idea de que los individuos han generado más espacios de paz imperfecta que de guerra, conflicto o violencia. Se enfatiza en la necesidad del reconocimiento de cada entidad humana y en particular de cada cultura, que permita las posibilidades de buscar la regulación pacífica del conflicto. De esta manera sugiere que:

Cabe pensar cómo construir una paz que actúa y es necesaria en todas las escalas, desde lo individual de la especie, pasando por grupos, comunidades, asociaciones y agrupaciones de todo tipo.

> Por lo tanto, comprender como una cualidad esencial de la paz es promover que los conflictos sean gestionados, transformados o regulados de manera pacífica los conflictos atravesando actores, espacios y tiempos, es vital. Es más, creo que estas interacciones de los espacios donde se potencia la regulación pacifica de los conflictos es una cualidad de esta paz imperfecta. Esto hace que sean muchos los actores y las actrices de la paz y también que desde cualquier espacio se pueda impulsar la misma. (Muñoz y Molina, 2004, p. 36).

En la paz imperfecta, así como lo hace Jiménez (2012) con la teoría de la paz neutra, se trazan progresos teóricos tomando como base la evolución de los conceptos desarrollados desde la paz negativa y la paz positiva propuesta por Johan Galtung. No obstante, esta se fortalece en una perspectiva que busca darle gestión a la violencia cultural, resaltando la apropiación y argumentación que se le da a la paz cultural, que hace necesario mediar entre los actos que promueven superestructuras violentas y tratar de armonizar acciones que expresan los discursos y las posiciones políticas y éticas. Estas perspectivas se relacionan con las elaboraciones contemporáneas cuando se habla de una paz que busca el reconocimiento de los territorios y las experiencias de los grupos poblacionales.

En esa misma línea, se expresa que la gestión pacífica del conflicto traspasa los espacios individuales y promueve que los conflictos sean gestionados de manera pacífica. Y desde lo colectivo, significa pensar lo individual involucrando lo colectivo, que implica romper con la idea de una paz unidireccional encaminada a una tranquilidad perpetua. Es decir, pensar una paz desde un sentido más amplio, que permita proyectar un futuro, donde el conflicto esté presente, pero que identifique cómo se puede gestionar y que siempre estará incompleto. Es decir, no se puede pretender terminar un conflicto; se entiende que la especie humana es diversa y por ende produce diferentes formas para vivir su realidad y gestionar sus conflictos.

Por otro lado, es necesario mencionar las propuestas de Muñoz y Molina (2004) y de Martínez (2001), quienes manifiestan que es de la relación entre saberes y poderes de donde nace la idea de la filosofía para la paz, como una reconstrucción de las competencias humanas para hacer las paces. Además, afirman que se hace necesario poner en marcha la realización de un giro epistemológico en los estudios para la paz. Un giro que permita convulsionar y remover todo aquello que se conoce como ciencia, encuadrada desde la modernidad con el método científico; para modelar una forma de conocer y una forma de saber que busque entender y repensar la ciencia como es concebida y desarrolle la idea epistemológica para la paz como otra forma de pensar la paz, la vida y la verdad.

En la actualidad se llevan a cabo diversos aportes con respecto a la investigación para la paz. Desbordan los escenarios teóricos y se acercan a las construcciones de prácticas cotidianas de las poblaciones que se ven enfrentadas a los conflictos. De ahí que en América Latina se hayan volcado estos estudios e investigaciones a donde se evidencian los procesos de construcción de paz, aproximándose cada vez más a su comprensión.

Angarita (2016) afirma que la perspectiva de la epistemología para la paz contribuye con un ejercicio donde el diálogo y la comunicación van de la mano en el camino del conflicto. Su presentación se centra en la epistemología del respeto como la forma sustancial para pensar, practicar, explorar y comprender la paz, esbozado así: «La democracia sería entonces una relación de mutuo respeto incluyendo el respeto por uno mismo y estableciendo una relación de confianza y colaboración que es vivida desde la infancia» (p. 197). Es así como desde la subjetividad construida y alimentada por las relaciones cotidianas y las circunstancias que afectan al individuo se establecen relaciones de respeto y de convivencia que apuntan a la construcción de paces. Unas paces particulares de cada comunidad, que permiten convivir en medio de diversos escenarios, resistiendo a fuerzas de poder, como por ejemplo una epistemología de la paz que ubica a los seres humanos en un contexto con la naturaleza.

Las diferentes teorías y desarrollos sobre paces presentados en este apartado invitan a una reflexión diferente a la idea de paz que muchas veces es impuesta, que es traducida como una verdad todo poderosa para la sociedad. Esta visión estimula a pensar la paz/paces desde los territorios y desde las relaciones discursivas, reflexivas y primarias que emergen en el contexto.

De esta manera, aparecen otras perspectivas que han orientado las reflexiones sobre la paz, a partir de construcciones como la lógica del discurso, la cultura y el cambio de paradigma moderno instaurado, y otras posibilidades para pensar la paz. Por lo tanto, es importante acercarnos a la teoría de la paz liberal desarrollada por Pinker (2012), quien, desde una investigación y reflexión exhaustiva de los conflictos y guerras, abarca la tesis del *doux commerce*, según la cual el comercio es una forma de altruismo reciproco que ofrece beneficios de suma positiva a ambas partes y proporciona a cada una cierta participación egoísta en el bienestar de la otra (p. 383). Una paz enmarcada en el comercio pero que vincula un equilibrio entre quienes participan en ella. En ese sentido, se habla de una paz que involucra una dinámica comercial que permitiría el desarrollo de ejercicios violentos, pero con la vinculación de ejercicios de construcción de paz anclada a negociaciones entre Estados. Esto se puede valorar como un doble juego en el interés de la paz y de la violencia, como lo explica Pinker. El comercio puede moverse como fuerza determinante para la construcción de paz y esto se da cuando los acuerdos internacionales impiden que los países tambaleen con los socios comerciales y garanticen una estabilidad estatal.

Asimismo, y desde la perspectiva anterior, se piensa que existe una paz capitalista que apunta a la idea de una paz liberal con evidencia en el carácter económico, político y manipulador de las expresiones de poder. Esta visión lleva a especular que se trata de una pacificación, una paz donde el desarrollo del capitalismo permite pensar que existen muchas posibilidades para que un país pueda obtener la paz. Se plantea que aquellos países que se encuentran en vía de desarrollo serían los destinados a luchar por una paz que no es de ellos, que es mediada por las decisiones económicas de sus dirigentes. Se trata de una construcción de paz que no responde a las dinámicas ni económicas ni sociales y mucho menos cotidianas de un país; donde el comercio de la violencia resulta una opción más viable que la paz. No obstante, Pinker plantea también una idea de paz generadora de ideales capitalistas que requieren de una inversión en las mismas dimensiones de la violencia; es decir, prácticas que propician ejercicios de violencias que deberían proporcionar una inversión igualitaria para la paz.

Retomando a Kant, Pinker (2012) plantea:

> Cada supuesto agente pacificador quizá dependa de una causa más profunda e incluso más kantiana: la disposición a resolver conflictos por medios aceptables para todas las partes aceptadas, y no porque la parte más fuerte imponga su voluntad a la más débil. Los países llegan a ser democracias estables solo cuando sus facciones políticas se cansan de matar como método de asignación del poder. Se implican en el comercio solo cuando dan mayor valor a la prosperidad mutua que a la gloria unilateral. Y se incorporan a organizaciones intergubernamentales solo cuando están dispuestas a ceder un poco de soberanía a cambio de un poco de beneficio mutuo (p. 390).

La posibilidad de pensar en el otro, no imponiendo voluntades, sino desde un ejercicio mutuo, en el que se cede. Se trata entonces de la gobernabilidad de un Estado y del permiso o disposición de ceder el control, donde intervienen voluntades y organizaciones, pero estas encaminadas al beneficio del mismo Estado que cuenta con la diversidad de una población, donde un ejercicio macro lo puede bajar a un ejercicio micro y así tramitar ejercicios territoriales.

También se encuentran aproximaciones a los estudios de la paz territorial, como se mencionaba en párrafos anteriores resulta ser un aspecto de gran interés y que se ha convertido en un elemento de discusión de teóricos e investigadores en temas de paz, cuando se plantea la paz territorial como concepto nuevo y de elaboración constante, que responde en muchos casos a ejercicios e investigaciones en América Latina. Por lo tanto, se retoman aspectos expresados en la teoría de la paz imperfecta, cultura de paz y paz neutra; además permite pensar en un ejercicio centrado y aterrizado en las prácticas de paces construidas en las localidades, barrios, ciudades, territorios vividos y sentidos.

Cairo y Ríos (2019), al aproximarse al desarrollo conceptual de la paz territorial manifiestan que:

> En cualquier caso, los marcos interpretativos de la paz territorial no reflejan o expresan nunca una realidad objetiva. Todo lo contrario, cada mirada se inscribe en una estrategia retórica erigida en cómo ha de ser de crucial o no el papel del territorio en la construcción de la paz colombiana, de acuerdo con miradas, valores, ideas o símbolos que resultan profundamente heterogéneos (p. 91).

Lo anterior aporta una reflexión para entender la diversidad desde dimensiones que se pueden encontrar de acuerdo con una experiencia específica de construcción de paz, y que justamente va orientada a una ocupación del territorio que desborda los límites geográficos y físicos, y se acerca al territorio pensado, sentido y vivido por los sujetos.

La configuración y el desarrollo de los temas de paz en Colombia van más allá de la gestión misma del conflicto. Se centran en las experiencias cotidianas y vividas donde se construye la paz/paces. Desde allí la reflexión empieza a relacionarse con otros sentidos y formas de vivir en sociedad. Así lo expresa Castillejo (2019), precisando aspectos centrales en donde se involucra la experiencia propia del país:

> Más concentrado en las «socialidades» y «convivencialidades» que emergen en el contexto del actual «escenario transicional» colombiano, el término «pequeña escala» busca entender las maneras como comunidades concretas habitan ese cambio telúrico que significa transitar hacia una sociedad post–violencia, pero a través de una «inflexión de la mirada» y la escucha analítica (p. 6).

De esta manera, se evoca la construcción de escenarios de paz o de una «paz local» que surja, además de las prácticas propias o cotidianas de los sujetos en un territorio, hasta la emergencia del arte y de la esperanza como detonante de escenarios de convivencialidad y de paz (Castillejo, 2019, p. 5). Una perspectiva que apunta a la proximidad con el otro, como uno de los grandes retos cuando de construcción de paz se habla. Donde las experiencias de la vida cotidiana y las experiencias colectivas permiten tejer lo social, reconstruir lo social y también crear lo social desde el sentido de quien lo vive y en una dinámica con el otro; en la constitución de relaciones que fragmenta las formas establecidas y buscan la reconfiguración de las formas de paz, violencia, guerra, poniéndose en un escenario propio.

Desde este recorrido que ha permitido de una forma ligera revisar algunos de los aportes con respecto a la reflexión y discusión en temas de la paz/paces, se ubica la construcción de la paz colombiana. No solo en el marco de categorías que le dan alguna denominación precisa y que buscan estandarizar una idea de paz que muchas veces recoge las experiencias de los sujetos, pero que en este caso va más allá de unas experiencias. La paz/paces se constituye en un campo de relaciones en donde el sentir de un niño, niña y adolescente se involucra con su conceptualización, en donde una víctima del conflicto se representa en una elaboración. Así, las tensiones presentes entre victimarios y quienes ejercen una actividad de control logra que ellos también se sientan vinculados. ¿Es la paz local, la paz territorial, la paz imperfecta, la paz neutra, etc. las que recogen las experiencias de vida cotidiana de los sujetos?, ¿es posible categorizar un concepto de paz que recoja la mayoría de los sentires?, ¿es importante el reconocimiento de todas las posibilidades de paz y paces que recogen las relaciones de los sujetos en sus territorios?

En territorios que no solo se ven afectados por el conflicto armado, sino que sus dinámicas se establecen a partir de otros escenarios de prácticas violentas en las que intervienen estructuras delincuenciales organizadas, además de la existencia de prácticas de violencia intrafamiliar, violencia sexual, entre otras, pero que, además, la configuración o la idea de paz se da a partir de la convivencia con estas prácticas. Entonces, ¿estos elementos hacen parte de una paz local?, ¿o tal vez hacen parte de una paz territorial? La inquietud es cómo ante estas realidades donde el sentir de los sujetos, en este caso niñas, niños y adolescentes, lo viven como algo extraño. Pero, al mismo tiempo que ocurren estas prácticas de violencias, se convive con ellas alrededor del juego, la música, la interacción en el parque. Esto plantea una relación necesaria entre la paz territorial y una paz local, es decir, una paz diversa, una paz propia. Entonces, la discusión al respecto de la paz desborda una categoría teórica y emerge la paz de un escenario práctico.

Se podrían listar las experiencias de otros países, las vivencias de diversas comunidades en Colombia. Todas estas experiencias seguramente entregan formas y estrategias para gestionar el conflicto de diversas maneras y permiten apuntar a una construcción de paz. Sin embargo, solo en la experiencia de cada territorio en su conjunto, como aquel que involucra una composición geográfica, física, sentida y vivida es que valoramos que se construye la paz/paces.

2.2.2 La violencia: una línea gruesa que vincula relaciones de poder

¿Cómo entender la violencia, la cual marca las experiencias–prácticas de comunidades y que es motivada como una herramienta, pero que al final es más que una herramienta?, ¿es fin y método? Desde dónde ubicarse para reflexionar la violencia que día a día se presenta a través de la radio, la televisión, las redes sociales y la vida cotidiana de los sujetos; latente y presente, generadora de miedo y dolor, pero también de ganancias y lucros. Arendt (2005) lo expresa muy bien cuando advierte que:

> La verdadera sustancia de la acción violenta es regida por la categoría medios–fines, cuya principal característica, aplicada a los asuntos humanos, ha sido siempre la de que los fines están siempre en peligro de verse superados por los medios, a los que justifica y que son necesarios para alcanzarlo (p. 10).

Arendt enfatiza que la razón principal de la guerra no es un secreto deseo de muerte de la especie humana, ni de un irreprimible instinto de agresión ni, final y más plausiblemente, los peligros económicos y sociales inherentes al desarme, sino el simple hecho de que no haya aparecido todavía en la escena política un sustituto de este arbitro final. Es decir, no aparece una forma establecida de mantener los escenarios de control, de quien usa o mantiene la agresión sobre el otro sin necesidad de tener un culpable palpable; por otro lado, muestra que el poder se puede manifestar a través de la violencia, además porque constituye uno de los fines políticos y económicos de quienes manejan los recursos (Arendt, 2005, p. 15). Esos recursos de índole económico, político y social garantizan la estabilidad de un régimen, además representa formas de poder que se integran en las realidades cotidianas, en las esferas más privadas; la violencia es materializada a través de lo individual y aparece fortaleciendo ideas de control en las familias y los barrios de cada ciudad del mundo.

La violencia es considerada por Arendt como una cuestión de interés fundamental por el choque entre generaciones. Debido a su concepción o forma de percibirla, pareciera que en la actualidad se «naturaliza» en el marco de las prácticas de las personas y se acepta socialmente a través de todos los medios a los cuales se tiene acceso. La describe como una actividad en la que se configuran acciones funestas para las comunidades, donde el poder y el control se entretejen en ella, fortaleciendo una idea de fuerza y de dominio. «La fuerza y la violencia son probablemente técnicas eficaces de control social y de persuasión cuando disfrutan de un completo apoyo popular» (Arendt, 2005, p. 32).

Esto reafirma que existe un control que no solo aparece con la coerción o con la fuerza, también se mueve entre las líneas delgadas de la legitimación. Es aceptado como natural y habitual, reproduce la legitimación de relaciones de poder en las que prevalece el miedo, pero, además, excede el respeto desfigurado en razón al temor y al deseo de ser custodiado. Lo que se presenta como producto de la violencia y el control que se ejerce sobre el otro.

Arendt expresa que, en la sociedad, los hombres pueden ser «manipulados» a través de la coacción física, por medio de la tortura o del hambre y otras situaciones que apuntan a traspasar la esfera de lo privado; presión para producir más y ser competitivos laboralmente, forzar a dar información errónea, incitar o instigar para el manejo inadecuado de información, etc. (Arendt, 2005, p. 44).

Se trata de un control invisible, es una relación que pareciera dispersa y que no trasciende el sujeto, pero que está ahí, conformando líneas delgadas que se cruzan y se endurecen pasando a la esfera de lo privado, de lo familiar y de lo íntimo. Entonces, se podría pensar que esto ocurre en lo contemporáneo y en las sociedades libres, que el control y dominio de la comunicación es cada vez más fuerte y hace que se pierda la posibilidad de libertad. Son situaciones que nos llevan a la pregunta si son estas las únicas formas de establecimiento de control para ejercer violencia. Pero, además, en la actualidad la violencia puede ser utilizada por cualquier otro medio para mantener el dominio en los territorios, para fortalecer lo que pareciera una franja delgada pero firme que se mantiene a través del tiempo y que busca ser perdurable en las tensiones entre el poder y el control. Arendt (2005) también plantea que:

> Un hombre se siente más hombre cuando se impone a sí mismo y convierte a otros en instrumentos de su voluntad, esto muchas veces evidenciado en un ejercicio del poder de quienes gobiernan un Estado que no representa a

los sujetos inmersos en él, «El poder –decía Voltaire– consiste en hacer que otros actúen como yo decida» (p. 50).

Es a partir de esta elaboración de Arendt que se puede tomar como referencia a Foucault (1999), quien manifiesta que, para ejercer poder sobre el otro, se debe ser capaz de ejercer poder sobre sus deseos más íntimos (p. 82). Entonces, difiere de aquello que materializa el poder, ya que las relaciones de poder están ahí para ser administradas y gestionadas, es voluntad de quien las ejerce, saberlas manejar, ocultarlas o mantenerlas. La producción de estas relaciones se mantiene en su estado natural, pero cuando utiliza la fuerza y opresión sobre el otro, aparece la violencia como una forma radical de controlar al otro, a los otros, a las instituciones y a las comunidades (Foucault, 2007a).

En sí mismo, el poder debe encontrar la forma de expresarse y este se logra manifestar a través de las relaciones. En ese ejercicio de las relaciones de poderse encuentra la posibilidad de ejercer control sobre el otro, y esto aparece en razón a la legitimidad que se le otorga al otro, ya sea sujeto o institución; todo esto materializado en la práctica: práctica violenta o práctica delictiva, entre otras.

Por otra parte, Arendt afirma que poder, potencia, fuerza, autoridad y violencia no serían más que palabras para revelar los medios por los que el hombre domina al hombre. Se emplean como sinónimos por que poseen la misma función en una relación que se puede ver establecida en el marco de las instituciones políticas. Entonces, pensar en la violencia nos lleva a pensar en el poder y en los medios materializados a través de los cuales se fija una relación de poder (Arendt, 2005, p. 59); o en las reproducciones y de la necesidad del poder, como una construcción preestablecida que permite su legitimación, una justificación que no señala discusión, que motiva la utilización de los medios recurrentemente en los actos cotidianos y que manifiesta escenarios de control. De esta manera es interesante pensar en la violencia como esa acción que está presente allí donde las relaciones de poder están perdiendo legitimidad y requiere del su uso para establecer el dominio y mantener un *statu quo*.

Entonces, hasta qué punto estas relaciones de poder expresadas en las prácticas cotidianas se convierten en juegos de legitimidad, juegos de razón, de expresión, de mutilación al otro; o dinámicas que permiten establecer otras formas de relacionarnos. Estas formas y juegos de poder empiezan a constituirse en la realidad, en la trama presente en las prácticas cotidianas, donde unas entran en tensión con otras; donde las personas y los sujetos ven la realidad de su vida que se desenvuelve en medio del conflicto, la delincuencia, la resistencia y en muchos casos de la violencia.

Como lo expresan Arendt, Galtung y otros, ni la violencia ni el poder son un hecho natural que presenta una tendencia en la manifestación del ciclo de la vida, así como el conflicto; ya que pertenecen a la propiedad de la construcción política de los asuntos humanos, cuya disposición esencialmente humana está asegurada por la facultad de la acción. En razón a esto, aparecen otras formas de entender la violencia en el marco de la acción estructural de la sociedad, cuando hay intereses de control sobre las dinámicas de esta. René Girard, citado en Moreno (2016), plantea que la violencia es una rivalidad mimética, la cual surge como imitación del comportamiento del otro, quien proyecta que las cosas solo adquieren valor si el objeto es deseo de muchos. Lo anterior es conocido como la «mímesis de apropiación», que genera un conflicto violento (p. 29). En la realidad de los barrios mencionados se genera una producción de conflicto y muchas veces de violencia en el contexto de un territorio particular, un territorio sentido, que muchas veces representa el resultado de la regularidad de una acción como una «mímesis de apropiación».

No solo se habla entonces de la violencia directa que se expresa en acciones de unos sobre otros, donde el poder y el control aparecen permanentemente buscando materializarla. Byung–Chun Han analiza la sociedad concentrada en la violencia, que, según su tesis, es omnipresente en la sociedad moderna, aunque no se perciba como tal. La violencia también se ejerce desde dentro, pues cada ciudadano la ejerce sobre sí mismo y se genera el fenómeno de la autoexplotación. En el cual el ser humano ejerce su libertad para encarcelarse a sí mismo en un individualismo que satisface las demandas del capital y la globalización. Han caracteriza a esta sociedad como la sociedad «del rendimiento», de la exigencia que realiza el individuo sobre sí mismo (Han, 2016, p. 255).

Adicionalmente, plantea que el individuo se oprime a sí mismo para mantener en este estado las cosas, la sociedad requiere de la autoexplotación en la que víctima y verdugo son lo mismo. Esto es ejercer una violencia íntima que lleva al cansancio, al infarto social y a la depresión, la enfermedad por excelencia de esta sociedad de violencia microfísica (Han, 2016, p. 11).

Estas dinámicas son entendidas por los grupos delictivos que empiezan a configurar formas para mantener el control y el poder, generando una hibridación entre las formas como se percibe la violencia. Han propone conceptos como la violencia de la transparencia, que se traduce como la violencia de la sociedad hiperinformada en la que hay una hipervisibilidad que sobreexpone al individuo y lo despoja de toda intimidad. El individuo tiene como fin ser presentado a los demás y reconocido legítimamente, lo cual se evidencia claramente en las redes sociales. La violencia ha pasado por varias dimensiones y connotaciones a través de la historia. Sin embargo, la interpretación del cómo se manifiesta se va fortaleciendo de acuerdo con las dinámicas sociales, la realidad que se mueve por las relaciones de poder, y su estrecha conexión con las prácticas que permite que se reconceptualice y se reconozcan otras formas de materializar la violencia, a través de diversos instrumentos y prácticas, pero en esencia sigue manteniendo su vínculo directo con las relaciones de poder.

Sobre otros aspectos que intervienen en los territorios donde se materializa la violencia, Castillejo (2019) dice:

> En países donde desigualdades y diferencias se entrecruzan palpablemente, donde violencias crónicas de largas temporalidades (las que producen lo que llamo «daños históricos») han estructurado la vida cotidiana, esta «promesa» plantea una serie de preguntas importantes [...] a sí mismo a través de la violencia entendida como el establecimiento del orden. Pero volvamos a las

> preguntas centrales: ¿es posible identificar en los escenarios transicionales una serie de «continuidades» más que de «rupturas»? ¿No deberíamos más bien hablar de una dialéctica entre fracturas y continuidades de la violencia? ¿Dónde y cómo tendríamos que situar la mirada para percibir esta dialéctica? Diversos autores han señalado las dificultades en aplicar o incluso de imaginar el prospecto de un futuro (post–violencia) en escenarios donde hegemonías políticas y económicas son y continúan estando enraizadas históricamente. (p. 57)

Las violencias o la violencia se intensifican de acuerdo con la diversidad de contextos donde se materializa, cuando permanecen las necesidades básicas insatisfechas, cuando las desigualdades son notorias y cuando se potencian relaciones de poder que permiten ejercer control a través de la violencia.

2.2.3 La resistencia: una relación directa con la violencia y la paz

Pensar las relaciones contenidas en las prácticas de violencias y en las prácticas de paces desde los territorios es pensar el entramado de la violencia desde una doble estigmatización, porque es señalar por ser de una zona o sector de la ciudad y, además, por no tener oportunidades. Vivir bajo los índices de pobreza y desarrollo, en calidad de pobreza extrema, produce un señalamiento a quienes ocupan los territorios de algunas zonas específicas de la ciudad. Esta mirada negativa hacia la población de estos sectores amplía la estigmatización, porque se acentúan las valoraciones de indicadores globales que promueven el interés de instituciones municipales, nacionales e internacionales con respecto a las regiones de pobreza, violencia y acumulación de inequidades de las grandes ciudades.

La realidad produce estrategias a través de las cuales se pueden transformar conflictos e intervenir sobre los efectos de las asimetrías del poder impuestas a determinados actores, procesos y condiciones comunitarias (Molina, 2005). Ahora bien, ocurre que bajo una mirada de intervención desde arriba no se hace referencia a la resistencia en medio de estas realidades en las que la violencia o la forma de gestionar el conflicto aparecen como procesos de negociación, mecanismos y otras metodologías, que denotan la existencia de procesos comunitarios y movimientos sociales.

Retomando a Molina (2005), la resistencia actúa como una estrategia que permite afrontar el conflicto y así mismo permite gestionarlo, gracias al hecho de que en este proceso intervienen actores de toda índole: institucionalizados, no institucionalizados, armados, de poder, con intereses trasparentes o tal vez pasajeros, pero que no entienden la dinámica de un territorio o sector. No obstante, en la complejidad de las dinámicas del territorio es donde nace la resistencia como posibilidad, como enfrentamiento, o tal vez como lucha contra el poder.

Entender, cuestionar y reflexionar la resistencia, no solo desde la teoría, sino también desde la práctica, conduce a explorar la evolución del concepto y ubicarlo desde las expresiones y vivencias de los sujetos, al igual que ocurre en la reflexión sobre la paz. Es así como a lo largo del tiempo, varias controversias se han presentado con respecto a la protección como un derecho, y como este apuntó a desarrollar práctica y teóricamente concepciones alrededor de la libertad de cada persona, y de ahí confrontar la forma como el Estado adquiere o mantiene su poder. Bedoya y López (2020), argumentan:

> Teológicas–eclesiológicas hasta el constitucionalismo contemporáneo, en especial, en el derecho alemán y francés, que también pensaron la constitución del concepto desde el derecho y su desarrollo ha sido importante en el pensamiento jurídico, limitando el poder del Estado y de la autoridad, donde se protegía la libertad de los ciudadanos frente a las pretensiones del poder estatal (Bedoya y López, 2020, p. 5).

Igualmente, Bedoya y López (2020), traen la concepción filosófica de Locke (citado por Magoja, 2016), quien señalan que el pueblo puede legítimamente resistir y derrocar a aquel gobierno que no respeta los derechos básicos del hombre. En otros términos, la resistencia se fundamenta en la soberanía del pueblo (p. 7). De esta manera, se puede evidenciar que, para muchos, y más en el campo del derecho, la reflexión de la resistencia está directamente relacionada con la posibilidad de ejercer el libre derecho de no estar de acuerdo con las actuaciones del Estado, en tanto este vulnera los derechos de los ciudadanos.

Igualmente, se encuentran planteamientos que reflexionan sobre la resistencia como esa posibilidad de desobediencia, que significa un ejercicio legítimo que tiene toda comunidad. Por ejemplo, Gargarella (2007) señalan que aquellos que se involucran en este tipo de desobediencia «aceptan la legitimidad fundamental tanto del gobierno como de la comunidad; y actúan para cumplimentar más que para desafiar su deber como ciudadanos» (p. 16). Para este autor, la resistencia se convierte en una necesidad de participación política para la constitución y mantenimiento de un Estado democrático. Es así, como aparece también, una relación muy cercana entre resistencia y desobediencia civil en la interpretación de algunos autores. La resistencia se reviste de la insinuación de desobedecer y de la práctica de desobedecer cuando la actividad demandada vulnera el derecho o la creencia del sujeto. De esta manera nuevamente Bedoya y López (2020) señalan que el concepto de desobediencia tiene una línea muy delgada que lo diferencia de la resistencia, que es estar en contraposición con una norma o una ley, considerándola como injusta, pero se asemejan con la garantía que se le da a la soberanía popular dentro del ámbito democrático (p. 8).

En ese reconocimiento por la libertad individual como un aspecto de carácter político, que no busca cuestionar los derechos soberanos, pero que busca equilibrar las acciones en la dinámica en que aplican, se plantea la «resistencia civil»; en muchos casos, también es interpretada como resistencia comunitaria, pero contrasta, ya que cuestiona diferencias en cuanto a la aplicación puntual en la práctica del ciudadano. En ese sentido, y para el caso de esta interpretación, la resistencia civil ha sido ubicada como aquella que permite enfrentar situaciones de vulneración de derechos, en la que intervienen individuos o colectivos o comunidades organizadas.

Siguiendo este marco de apreciaciones y reflexiones con respecto a la resistencia, Molina (2005) expresa que la resistencia se reviste de dos subcategorías o expresiones en su opción práctica: la violenta y la no violenta. La resistencia violenta se basa en las capacidades productivas del poder y se evidencia principalmente en las expresiones que denotan los grupos delictivos, especialmente las guerrillas; esta resistencia muestra en sus prácticas cómo el poder y el control se posicionan a través de muertes, pobreza, desapariciones, entre otras, impidiendo la posibilidad de tomar decisiones y crear opciones para vivir en paz. Por otro lado, se encuentra la expresión de la resistencia a partir de la noviolencia, que supone una práctica ética, donde se resiste a partir de otros mecanismos que no generan violencia. A pesar de ello, es necesario preguntase si estas expresiones de resistencia no violentas contienen en la práctica otro tipo de violencia, como es la violencia estructural o la violencia simbólica. Según Molina (2005):

> La resistencia contemporánea es una estrategia a través de la cual se ejerce control a la influencia del Estado, de los grupos económicos de las mayorías y cualquier colectivo de presión, al tiempo que las comunidades se transforman por las demandas que plantea tal acción organizada, efectiva y deseablemente no–violenta (p. 74).

La resistencia permite pensar en la construcción de un proyecto ético–político que involucre a los actores, dando mayor importancia a qué se resiste y no a quién se está resistiendo. Si bien, en ese sentido se puede resistir al Estado y se puede resistir a la violencia, pero también se puede resistir a una paz que no representa el sentir de un colectivo, de un territorio o de una comunidad.

La resistencia desde la posibilidad de construcción de una realidad propia ante la presencia de la violencia fortalece escenarios que permiten pensar el territorio y cómo este se ha transformado. En el caso de la población de interés en este trabajo se trata de poder valorar en qué medida los niños niñas y adolescentes buscan espacios para encajar, para salir, o para expresarse, resistencias que construyen subjetividades que implican que el sujeto se constituya así mismo, por lo que es determinante para él la relación entre el campo cognitivo–emotivo, el contexto social las prácticas sociales y la interacción social (Arias y Fayad, 2004).

Estos sujetos, que a veces se resisten en colectivos, también lo hacen de forma individual a través de sus prácticas.

Se observan diversas formas de reproducir la resistencia en las relaciones de las estructuras de las violencias y las paces. De esa forma se puede plantear que la paz no es exclusivamente ausencia de conflicto y se pueden presentar otras formas de violencia, pero que también convive en escenarios y conflictos irreconciliables y eso se llama paces, como la forma en la que el sujeto busca reaccionar ante el conflicto, ante la violencia. Esas formas irreconciliables permiten que fluyan formas de resistir, convivir o de construir paces propias en cada territorio. Lo que en la práctica lleva a pensar en la relación «comunidad» y «resistencia», ya que la comunidad con su «poder local» tiende de forma constante a ser escenario de la resistencia (Perea, 2006). En otras palabras, que responde a formas propias de construir paz/paces en territorios y comunidades que presentan unas formas propias y locales de producir resistencias.

Los niños, niñas, y adolescentes establecen vínculos con el lugar, con el territorio, como espacios que habitan y que determina las relaciones y conflictividades compartidas fuera de este (Jaramillo, 2015). Los barrios de esta comuna viven experiencias y prácticas de violencia que configuran la reproducción de estas; se habla de fronteras invisibles, pero visibles ante sus habitantes (Rojas y Guerrero, 1997).

Estas presentaciones de lugar sugieren encuentros y relaciones de fuerza que son legitimadas ante el territorio y la práctica, que a veces se naturaliza y legitima con el sentido de perpetuarse en la historia del lugar; así se reconfigure, tome otra forma y cree nuevos espacios que son apropiados, olvidados o retomados, según la dinámica del territorio y la fuerza de la resistencia o el movimiento de convivencia establecido.

Es preciso plantear que la resistencia que se ubica y moviliza en este territorio (barrios Tokio y Las Brisas) no funciona de la misma forma como regularmente se evidencia y se plantea. Esta resistencia tiene otras dimensiones explícitas en las relaciones de poder y en los mecanismos al interior de este. Foucault (1999) lo plantea más allá del enfrentamiento en el interior de las acciones de poder, muestra la resistencia y el rechazo ante el juego, haciendo presente una característica evidente de un cierto número de luchas y de combates (p. 120).

Estas resistencias se plantean y se ven materializadas en otras luchas en el interior de las relaciones de poder que marcan las formas y las relaciones. En algunas dinámicas del territorio de la comuna Villa Santana se marcan prácticas y tensiones, no solo hacia la violencia y las relaciones del poder legitimado, sino también a otras formas de resistir, una forma de resistencia civil y comunitaria o resistencia colectiva que moviliza el sujeto. Entones se ponen de manifiesto todos los movimientos que conciben al sujeto dentro del territorio, movimientos políticos con características de legitimidad de un Estado, movimientos políticos de reconstrucción de historias y trayectorias, movimientos éticos y otros dinamizados por aspectos económicos, dominio del mercado y del lugar.

En los territorios se establecen vivencias enmarcadas por prácticas delictivas violentas que expresan la presencia marcada de las relaciones del poder del Estado establecidas sobre los niños, niñas, adolescentes. Entonces, consideramos que se establecen tensiones, movimientos con respecto a las relaciones establecidas con la violencia. Una menor violencia obedece a que la resistencia adquiere mayor fuerza; y a menor resistencia es mayor la fuerza de las relaciones de poder. Sin embargo, en las relaciones establecidas en el marco de la violencia confluyen dinámicas relacionadas directamente con las convivencias y las paces. Esto es, las relaciones de convivencia–paces también se fundan en relaciones de varias vías, sin constituirse en una relación lineal, puesto que generan ellas mismas relaciones de convivencia–resistencia–convivencia. Por otro lado, las paces y la violencia se contienen, en tanto se presentan, no exclusivamente, cuando una hace presencia, pero casi siempre cuando se encuentran expresiones de violencia en territorios o sectores, también se encuentran dinámicas de paz; y en otros casos, la forma de implementar o hacer funcionar la paz es violenta con el otro.

Así, la violencia y la paz se pueden configurar en movimientos individuales o colectivos, de relación con el otro.

En ese sentido, la expresión de las prácticas de resistencia–convivencia se plantean en las líneas del «sistema de relaciones primarias, reflexivas o discursivas» (Foucault, 2002, p. 5), que se consideran más en la parte discursiva. Puesto que no caracterizan la lengua como tal, sino que están en relación con el discurso práctico que denota un efecto al dirigir las conductas en la expresión de lo humano. Siempre será una historia de producción de saber que constantemente cuenta con las dinámicas de una comunidad que no es encuadrada en el marco institucional, pero que constituye una forma de saber reproducido en el tiempo, una forma de expresar su subjetividad, una forma demostrar cómo se relaciona con el mundo y expresa desde sus prácticas sus propias posibilidades para concebir la realidad, desde una forma de resistir.

Es importante señalar que las relaciones que se establecen en las prácticas de las personas están mediadas, cohesionadas, impulsadas y dinamizadas, a través de acciones continuas que expresan relaciones de poder, que pueden responder a diversas dimensiones. Desde los planteamientos de Molina (2005), una de estas dimensiones se desarrolla dentro de los ejercicios de resistencia, representada en una relación de doble vía, en tanto expresa que la resistencia es inmanente al poder, por lo cual las dos nociones se contienen. En ese sentido, se podría decir que la resistencia en este territorio se presenta como una forma de convivir en medio de la violencia, como representación física del poder. Pero, por otro lado, establece una relación directa con prácticas afirmativas y la convivencia en el contexto de las paces–violencias, generando relaciones que se contienen y que tensionan la convivencia.

Las resistencias se pueden ubicar como elemento que fortalece la presencia de una práctica violenta cuando está generando tensión con las relaciones constituidas alrededor de las paces o las formas de control no legitimas. Asimismo, ocurre con lo que respecta a las paces, se establece una tensión con las formas en que se presenta violencia y se manifiestan prácticas que buscan salir de esa forma legítima de estar en el territorio, y al mismo tiempo la convivencia se manifiesta en tanto forma de estar presente, pero sin aprobar todas las prácticas establecidas que ayudan a tensionar y permite la relación entre las violencias y las paces.

Las personas se encuentran en una relación influenciada por una tensión, que como se manifestaba anteriormente, expresa multiplicidad de vías y está marcada en el medio donde viven. Se presentan pautas en los sujetos desde la sociedad y los contextos sociales que encuadran las condiciones para cada uno, a partir de las experiencias vividas. Es la persona la que construye su subjetividad por medio de sus prácticas conscientes o inconscientes, afectándole las relaciones y dominios de las condiciones que la sociedad le impone. Allí nacen las prácticas de sí, prácticas de resistencia, prácticas de convivencias.

En ese sentido, y pensando la resistencia y lo que contiene las prácticas de los sujetos (niñas, niños y adolescentes) en el territorio, Bedoya y López (2020) manifiestan que lo más importante que se ha encontrado es cómo en el marco de la resistencia aparecen las prácticas de los seres humanos, como un ejercicio del hacer subjetivo del hombre inmerso en sus realidades, directamente relacionado con las dimensiones de poder; es decir, en el ejercicio de la resistencia, ya sea en el marco de la desobediencia civil y resistencia legítima, o en las prácticas comunitarias o ejercicios no violentos (p. 22). Esta situación hace que se presente, entonces, una constitución de sujeto a través de la práctica.

Uno de los aportes importantes que aparecen en la reflexión al respecto de la resistencia lo expresan Bedoya y López (2020). Hay una evolución del concepto, una evolución de la forma de pensar de la resistencia, pero en el mismo desarrollo se encuentran varias vertientes que hablan de las singularidades de lo que se podría presentar en la resistencia, ya que esta empieza a tener forma y tiende a ser más subjetiva cuando demuestra los intereses de pequeños colectivos que hacen tensión con las relaciones de poder respecto al Estado (p. 23). En ese sentido se podría pensar la resistencia como una concepción que permita acercarse a las singularidades de los colectivos, y también a la evolución de una resistencia territorial, o sea, constituida especialmente por una comunidad o por los sujetos en un territorio sentido y vivido. Este es uno de los planteamientos que se retoman más adelante en esta investigación.

2.2.4 La convivencia desde la perspectiva de la convivencialidad: una forma de pensar la convivencia territorial–local

Al pensar la convivencia como esa línea o escenario característico que permite establecer relaciones y tensiones entre la paz y la violencia, o como mecanismo que aporta o transforma la resistencia, se ubica la reflexión de la convivencia desde una perspectiva diferente, a lo mejor novedosa, y en algunas ocasiones dolorosa. Significa cambiar la idea que históricamente remonta a escenarios de tranquilidad y que con la construcción del sujeto actual en la sociedad industrial y posindustrial requiere ser replanteado como otra posibilidad. Este escenario o posibilidad permite pensar la convivencia desde la perspectiva de la «convivencialidad» como una herramienta que busca revisar aspectos personales e internos, pero además permite avanzar en la construcción social y colectiva, retomando también una relación directa con el entorno, con su fuerza. En ese sentido, Illich, citado por García, expresa que:

> Para comprender lo que esto significa debemos redescubrir la diferencia entre expectativa y esperanza. Esperanza, en su sentido vigoroso, significa fe confiada en la bondad de la naturaleza, mientras expectativa, tal como la emplearé aquí, significa fiarse en resultados que son planificados y controlados por el hombre. La esperanza centra el deseo en una persona de la cual aguardamos un regalo. La expectativa promete una satisfacción proveniente de un proceso predecible que producirá aquello que tenemos el derecho de exigir. El ethos prometeico ha eclipsado actualmente la esperanza. La supervivencia de la raza humana de que se la descubra como fuerza social. (García, 2009, p. 54).

La convivencialidad propone expresar esa fuerza social que se encuentra en cada comunidad, que potencia la gestión y hace ejercicio crítico en la forma como actuamos en sociedad. Deconstruye la idea de la convivencia que remonta a lo pacífico y a la tranquilidad absoluta, retoma lo social y lo colectivo con relación al entorno y a las formas en que cada territorio lo puede transitar. García (2009) en la perspectiva de Ilich, entiende la convivencialidad como:

> Lo inverso de la productividad industrial. Cada uno de nosotros se define por la relación con los otros y con el ambiente, así como por la sólida estructura de las herramientas que utiliza. Éstas pueden ordenarse en una serie continua cuyos extremos son la herramienta como instrumento dominante y la herramienta convivencial. El paso de la productividad a la convivencialidad es el paso de la repetición de la falta a la espontaneidad del don [...] La relación convivencial, en cambio, siempre nueva, es acción de personas que participan en la creación de la vida social. La convivencialidad es la libertad individual, realizada dentro del proceso de producción, en el seno de una sociedad equipada con herramientas eficaces (p. 57).

No es solo pensar la convivencialidad como un proceso de cambio y transformación, es necesario revisar esos escenarios donde se van dando paso a la creación de nuevas formas de vivir la realidad; no es solo convivir con el otro, va más allá. En los planteamientos de Ilich se evoca la convivencialidad como un instrumento que permite establecer una relación directa con lo que sucede en cada territorio, con una vivencia particular, con una forma de ser en comunidad y que desarticula una idea de industrialización construida con el objetivo de que las masas se mantengan en control.

Uno de sus principales planteamientos, expresa que quienes más podrían sufrir en el ejercicio de la transformación convivencial serían las personas que no cuentan con todos los recursos económicos, sociales y políticos, porque allí es donde se empieza a deconstruir una idea de sujeto construida en masa. Dentro de las comunidades denominadas vulnerables, solo aquellas que se encuentran empoderadas y con una idea vivida de sujeto en relación con el entorno son capaces de reinventar la idea preconstruida de sociedad; lo que les permite constituirse como sujetos. Ahora bien, no suele ser un proceso fácil y de resultados inmediatos; pensar la convivencialidad es reconocer que el otro es diferente, pero entre todos se puede deconstruir y potenciar lo colectivo donde el sujeto no sea máquina o herramienta para el poder de otros. En ese sentido Ilich (1978) citado por García (2009) plantea que:

> La solución de la crisis exige una conversión radical: solamente echando abajo la sólida estructura que regula la relación del hombre con la herramienta, podremos darnos unas herramientas justas. La herramienta justa responde a tres exigencias: es generadora de eficiencia sin degradar la autonomía personal; no suscita ni esclavos ni amos; expande el radio de acción personal. El hombre necesita de una herramienta con la cual trabajar, y no de instrumentos que trabajen en su lugar. Necesita de una tecnología que saque el mejor partido de la energía y de la imaginación personal, no de una tecnología que le avasalle y le programe. Yo creo que se deben invertir radicalmente las instituciones industriales y reconstruir la sociedad completamente. (García, 2009, p. 57).

En esta misma línea, continuando con la deconstrucción de la convivencia y la convivencialidad como sistema, Ilich (2014) muestra la relación en la dualidad tener/ser, precisando que:

> Una sociedad convivencial es una sociedad que da al hombre la posibilidad de ejercer una acción lo más autónoma y lo más creativa, con la ayuda de herramientas menos controlables por otros. La productividad se conjuga en términos de tener, la convivencialidad en términos de ser (p. 483).

Entonces, se potencializa la relación entre el no tener apalancada y reafirmada una idea capitalista de control y dominio desde lo económico hasta lo social, sino en el tener con relación al ser y a la construcción de escenarios saludables y donde se pueda convivir sin avasallar al otro. No obstante, la violencia que siempre ha reafirmado una atmósfera en donde se convive con esta todos los días y que además se vuelve rutinaria, optimiza las dinámicas de compra, venta y materialización de las prácticas violentas. Además, fortalece unas relaciones directas de convivencia en el marco de los escenarios donde no vive exclusivamente el conflicto armado, sino que lo integra en sus rutinas y se convierte en una necesidad; y lleva a expresar prácticas violentas en las formas como se materializa en las comunidades, que además de escenarios violentos viven otras dinámicas, pero que conviven entre estas relaciones. Es aquí donde se encuentra más fuerte la deconstrucción de una convivencia con la violencia para reafirmar una idea de convivencialidad.

De esta manera, y dentro de un contexto conflictivo que jalona en los territorios prácticas violentas, se encuentran escenarios que permiten la tensión o la interrelación entre unas prácticas que construyen una forma de existir para resistir en las comunidades. Desde las dinámicas que postulan proyectos ético–políticos, proyectos de vida, o como un escenario diferente, donde la convivencia está marcada dentro de escenarios de paz, pero que coexisten con escenarios violentos, que significan el reto para construir la convivencialidad y se traducen en la experiencia y la cotidianidad de una comunidad.

Así, convivir se trata de construir formas específicas. Remite a las dinámicas particulares que hay en cada contexto territorial en el que confluyen escenarios políticos, económicos, culturales y sociales. En estos nacen múltiples intereses donde se puede encontrar la violencia en una forma concreta; entonces, la convivencialidad propone reorganizar y apropiarse de escenarios y unos territorios, como propios, únicos y colectivos.

Por otro lado, toda esa construcción colectiva o individual que lleva a pensar en la convivencia o en la deconstrucción de esta, se materializa a partir de las relaciones humanas: relaciones sociales cargadas de sentido de emoción y de vivir, como lo expresa Maturana (2007):

> Dicho en otras palabras, pienso que lo que hace nuestro vivir social es la biología del amor que esto es así, y que se ve en todo lo que llamamos valores, en el ámbito de la convivencia social tales como honestidad, solidaridad, respeto mutuo, colaboración, equidad. (p. 9).

Es de esta manera, desde el amor, que se potencializan otras acciones y prácticas regulares en los sujetos. Surge la pregunta, ¿cómo transitar, y hasta qué punto la convivencia puede incorporar otras prácticas de quienes comprenden las dimensiones del amor, la honestidad y el grado de valor desde otra perspectiva y experiencia?

Maturana (2007) manifiesta que existen relaciones y redes construidas que constituyen a los sujetos, niñas, niños y adolescentes, como miembros de su territorio, con respecto a las prácticas de su cotidianidad y lo que la construcción de la convivencia produce y emerge en ellos.

> Toda comunidad existe como una red de procesos, actos, encuentros, conductas, emociones, técnicas [...] que configuran un sistema de relaciones de convivencia que penetra en todos los aspectos del vivir de los niños y niñas que creen en ella en el curso de transformarse en adultos en todas las dimensiones de su hacer y emocionar. (Maturana, 2007, p. 10).

En ese sentido, todas las prácticas, las conductas, las emociones y las vivencias de los sujetos en el territorio posicionan características que van a estar presentes en la construcción de su realidad y que podrán ser replicadas en su adultez; sea cual sea los aspectos presentes en ese sistema de relaciones, en tanto convivir en el espectro del amor, del dolor, de la violencia o de la inseguridad podrá marcar su tránsito a la adultez y la réplica de sus prácticas.

De esta forma, los sujetos definen en el territorio, en sus prácticas y actividades cotidianas lo que es deseable para ellos y la significación de los actos y el carácter de legitimidad de estos; es decir, el carácter de legitimidad que le dan a las prácticas, en tanto sentido, amado, pensado, actuado, honesto o deshonesto y aceptable o no. Ese carácter que se da en el relacionamiento con lo otro o con otras prácticas constituye un sujeto de cara a la realidad. Aquí es donde aparece el juego con la estructura y se refuerza la intención de ciertas prácticas, en la forma como conviven esas prácticas en una territorialidad. Además de reconocer el sistema que dinamiza ese territorio, también se debe reconocer el cómo se establecen las relaciones entre las prácticas y los diversos sistemas que conviven en una comunidad.

Cuando se habla de las prácticas y acciones que denotan formas de constituir el sujeto y las realidades del sujeto, desde lo que hace dice y siente, no solo se evoca una convivencia que tolera lo que otros sujetos o agentes hacen, se identifica la relación entre sujetos, entre intenciones y cómo se constituyen. Además, se revisa el tránsito de una convivencia, no como aceptación de que lo otro está allí y es presente, sino cómo interactúan y cómo se afectan. Entonces, el reto es pensar la convivencia desde el sentir, el actuar, el emocionar, pero también en forma de sistema, y permitir reconocer que es posible el tránsito a la convivencialidad y que esta puede generar, miedos, rupturas, olvidos de un presente como sistema; y de la misma manera, reconocer las dinámicas y prácticas violentas y desgarradoras por las cuales pasan los territorios.

La convivencia no es tolerancia, la convivencia no es solo amor o pasión, tranquilidad y disfrute. La convivencia/convivencialidad es reconocer el estado en el que se encuentra el sistema/territorio en una composición micro/local y transitar a la posibilidad de pensar en la expansión de un modelo que reconozca lo local como el principio del sistema macro/región–país.

2.2.5 Las prácticas en un estado neutro: más allá de la acción sobre sí y sobre los otros en un territorio

Cuando se habla de las prácticas de resistencia y de convivencia en el contexto de la violencia y de la paz, se establece una relación entre la práctica en su intención temporal y su regularidad[3]. En otras palabras, la práctica como continuidad y existencia de la práctica. Para poder reflexionar en el contexto de la comuna Villa Santana y específicamente en el territorio construido en los barrios Tokio y Las Brisas, las prácticas no podrían estar pensadas en una dualidad de su intención: si son buenas o malas, sino en tanto práctica, ya que en el lugar de la violencia o violencias y de la paz o paces emergen prácticas con intención, motivadas, gobernadas, autorreguladoras, tensionantes, locales, territoria-

3. No regularidad haciendo referencia a la norma, sino regularidad en tanto constancia y tiempo.

les, en fin, la multiplicidad de las prácticas y las intenciones de estas son dimensiones que contienen sujetos. De ahí que la intención de este apartado este orientado un poco a la revisión de acepciones o términos por los cuales se han reflexionado sobre las prácticas.

Las prácticas han sido argumentadas por varios autores[4], algunos plantean un concepto que es apropiado para la reflexión. Es así como aparece el desarrollo teórico de las prácticas discursivas, término utilizado en Foucault (2002), especialmente cuando hace referencia al cómo se manifiestan cuestiones sobre el ser humano, su origen y su condición de sujeto, y la presencia del discurso en esa constitución del sujeto que sobrepasa las obras expresadas en la diversa literatura. Esos cortes, ya se trate de los que admitimos, de los que son contemporáneos o de los discursos estudiados, son siempre ellos mismos categorías reflexivas, principios de clasificación, reglas normativas y tipos institucionalizados. Son a su vez hechos de discursos que merecen ser analizados al lado de los otros, con los cuales tienen indudablemente relaciones complejas, pero que no son caracteres intrínsecos, autóctonos y universalmente reconocibles (Foucault, 2002, p. 38).

En esta cita se refleja el carácter de relación entre los hechos. Además, se expresa la unidad discursiva que está más allá de los títulos, mostrando relaciones que supone elecciones, decisiones y que proyectan un hecho. «Se admite que debe haber en ello un nivel en el cual la obra revela, en todos sus fragmentos, incluso los más minúsculos esenciales, como a expresión de pensamiento, o de experiencia...» (Foucault, 2002, p. 39). Esa experiencia discursiva como una práctica que está compuesta por relaciones entre citas, la experiencia de los autores y otros textos,

---

4. Algunos autores que argumentan el tema son: Michel Foucault; Javier Sáenz con «Las prácticas de sí en la pedagogía de Vives, Comenio, Pestalozzi y Dewey y su reemergencia contemporánea en las escuelas»; John Dewey con *El arte como experiencia*; Arias y Fayad con *Reconocimiento de la niñez. Cali 1890- 1930: instituciones subjetividad y vida cotidiana*, entre otros.

así como de los hechos y lo que esto significa. Aquí se encuentra una forma de entender la práctica como relación en el sentido del discurso y del lenguaje como práctica; en tanto el discurso tiene un origen que puede ser un silencio en lo no dicho, o en lo dicho a medias, y todo lo que lleva un acontecimiento al conocimiento en los individuos.

Entonces, las prácticas discursivas expresadas en el libro, ya sea la cita, el dibujo y el mural, tienen un carácter de relación con lo otro inmerso en el libro, con lo vivido, con el hecho y con la reflexión de quien moviliza la acción. «Así, se abre todo un espacio articulado de descripciones posibles: sistema de las relaciones primarias o reales, sistema de las relaciones secundarias o reflexivas, y sistemas de las relaciones que se pueden llamar propiamente discursivas» (Foucault, 2002, p. 75). Y justamente cuando se habla de las relaciones discursivas es cuando se hace referencia a ese tipo de relaciones que no se ven directa o explícitamente en el discurso, que no tienen conexión entre conceptos o palabras, pero que están justamente en el discurso, en su intención. Como dice Foucault (2002):

> Pero no son, sin embargo, unas relaciones exteriores al discurso que lo limitarían, o le impondrían ciertas formas, o lo obligarían, en ciertas circunstancias, a enunciar ciertas cosas. Se hallan, en cierto modo, en el límite del discurso [...] Estas relaciones caracterizan no a la lengua que utiliza el discurso, no a las circunstancias en las cuales se despliega sino al discurso en tanto práctica (p. 76).

Son relaciones que acercan al principio de cualquier experiencia del sujeto. Así las prácticas discursivas en sí se componen de relaciones que no solo expresan lo que la palabra denota; en ellas existe un recorrido, una historia, un hecho, la expresión y las relaciones.

Siguiendo esta línea y profundizando los desarrollos de Foucault, se toman algunos de los elementos que plantea Sáenz (2009), quien contribuye al desarrollo del concepto de prácticas y las plantea desde diversas dimensiones. Presenta las prácticas con una variedad de elementos que permiten su comprensión; como son las prácticas de sí, recomponiendo el concepto mismo desarrollado por Foucault y tomando algunos aportes de Norbert Elías.

Sáenz profundiza sobre las prácticas formativas como aquellas que tienen un propósito o finalidad instructiva y de producción de saber; dentro de las cuales se pueden ubicar, las prácticas de salud, políticas, entre otras. Se reconocen porque pueden ampliarse y desarrollarse en el marco de la institucionalidad, ya sea la escuela u otra, o por fuera de estas, esto es, en el territorio alrededor de la cotidianidad. Cabe resaltar que el autor presenta una condición que resulta ser muy importante al momento de analizar las prácticas; resalta que para que acción o actividad se constituya en práctica deben tener una regularidad, que es justamente lo que marca la diferencia, ya que así la acción adquiere una forma donde confluyen materialidades.

Sáenz y Salcedo (2020), citan a Vierhaus (2002) en uno de sus textos, en el cual precisan la noción de prácticas, en tanto prácticas formativas, y para esto advierten que:

> La formación (bildung) se puede rastrear desde el siglo xiv y su sentido inicial tenía tres componentes: dar o darse una forma, el desenvolvimiento de las fuerzas humanas y el efecto de la educación [...]. Por formar entendemos entonces el efecto de las prácticas en la forma sujeto, tanto a aquellas potencias como (pensamientos, sensaciones, placeres, deseos, intereses fantasías) que se intensifican o debilitan afectando esta forma–sujeto [...] en cuanto a su forma misma: forma–individuo (encerrado en sí mismo), forma–dividuo (que se autoexperimenta como irremediablemente escindido de manera dualista) o formas múltiples, formas–colectivos o fuerzas informes (p. 56).

Es así como las prácticas se materializan o no. Dentro de la escuela pueden tener un carácter formador, no necesariamente se tiene que hablar de prácticas institucionalizadas para hablar de prácticas formativas. Una forma de entenderlas es resaltando la importancia de estas en su connotación estética y potencializadora de sujetos, de individuos, de personas, en este caso, de niñas, niños y adolescentes.

En ese mismo sentido, cuando Sáenz y Samper (2014) profundizan su reflexión en torno a las prácticas como acción, no las piensa sobre los fines, plantean que se acercan al impulso que implica que:

> Sus usos y las apropiaciones que hacen los practicantes del discurso conceptual y prescriptivo: las resignificaciones que realizan sobre las razones para emprender las prácticas y sobre sus fines el grado en que aceptan o rechazan sus preceptos ontológicos, éticos y políticos; la intensidad temporal y espacial con que la llevan a cabo y los ensamblajes que efectúan con otras prácticas y discursos (p. 12).

La práctica en su carácter formador, escolarizado e institucionalizado hace que emerja un discurso de las vivencias de los sujetos en el territorio, que ubican el cómo emprender dichas prácticas, qué significan y cómo viven en su contexto. Así la práctica moviliza, transforma y contiene la estética de los sujetos.

Desde la reflexión de las prácticas profundizadas por Javier Sáenz, se considera que la práctica además de ser una acción de carácter regular, cargada de sentido y de la intensidad con la que es realizada, relacionada y conectada, se constituye con otras prácticas y discursos del sujeto, pero también de los otros sujetos con los que interactúa en el contexto, en el territorio vivido. Es así como en un mismo territorio, espacio o temporalidad se pueden encontrar prácticas que se tensionan entre sí o que son opuestas, y otras que se encuentran, pero se dirigen a otros escenarios y espacios territoriales. La mayoría de estas prácticas presentan la constitución de sujetos y otras los limitan, son prácticas en las que los sujetos se ubican o movilizan, movimientos de realidad y formas de constituir el mundo.

Cuando se habla de las «prácticas de sí», término que también ha sido elaborado por Foucault y profundizado y reflexionado por Sáenz y otros, se les agrega un sentido interior a las prácticas y las recogen dentro de los procesos de movilización del individuo o sujeto en sí mismo. Son aquellas prácticas deliberadas que permiten que el sujeto intervenga sobre sí, como dice Jaramillo (2015), quien cita a Foucault (1990):

> Permiten a los individuos efectuar, por cuenta propia o con la ayuda de otros [...] operaciones sobre su cuerpo y su alma, pensamientos, conducta, o cualquier otra forma de ser, obteniendo así una transformación de sí mismos [...] para alcanzar un estado de mayor pureza o libertad, no obstante, bajo las artes de gobierno contemporáneas no siempre van a servir a los fines de la intransigencia de la libertad. (p. 54)

La reflexión a la que llega Jaramillo (2015) expone la forma como los sujetos pueden realizar acciones sobre sí mismos, y cómo estas acciones logran transformarlos. Además de contener una motivación para que en el marco de estas se generen prácticas liberadoras, en tanto el sujeto se reconoce así mismo y explora su posición en la realidad que lo rodea. Aparte de la posibilidad de tomar decisiones, estas prácticas en muchos de los textos expuestos por Sáenz se desarrollaron en el marco de estéticas de sí mismo, de acciones sobre el cuerpo, sobre su hacer, sobre su constitución como sujeto, y salen justamente de la idea binaria: bien–mal, sujeto–objeto. Como lo reiteran Sáenz y Salcedo (2020) son prácticas que salen de la idea binaria de las prácticas sujeto–objeto, medio–fin; en sí, las prácticas movilizan un individuo y un todo y se dan en dimensiones donde intervienen instituciones, sujetos, expresiones, comunidades etc.

Es así, como las prácticas de sí sugieren una reflexión profunda del sujeto sobre sí mismo, que en primera instancia no se logra identificar, pero se constituye en un arte, se convierte en una experiencia estética sobre sí misma. Cuando se habla de la experiencia estética en la práctica, se hace referencia a la connotación que tiene una acción regular, donde adquiere valor lo natural del sujeto; donde se expresa lo sentido por su individualidad. Pero que también expresa lo sentido en su territorio, sea su cuerpo, su comunidad, su lugar. Claro, la práctica tiene carácter de acción, pero también de dimensión donde no se puntualiza el carácter de esta, pero sí se puede revisar la motivación que al final revela una intención. Entonces, como dice Sáenz y Samper (2014):

> Está la transversalidad en las prácticas de gobierno con las que se articulan las prácticas de sí (pastoral, disciplinario, liberal de regulación) y los saberes

> en los que se fundamentan o con los que se relacionan: saberes experienciales, corporales, filosóficos, cosmetológicos, sexológicos, empresariales, económicos, religiosos, espirituales, artísticos, nutricionales, médicos, mediáticos, somáticos, de la nueva era, neurológicos, de autoayuda, pedagógicos, estéticos, morales, sociológicos, performativos, mágicos, de urbanidad, literarios, políticos, sobre la moda, gastronómicos y los saberes psi (psiquiatría, psicoanálisis y psicología) (p. 14).

En la práctica, la producción de saber sobrepasa la idea lineal misma del conocimiento. Se produce un saber en dimensiones a partir de las prácticas de gobierno, reguladas, autónomas o deliberadas. En ese sentido, las prácticas de resistencias se inscriben en las dimensiones individuales y colectivas de los adolescentes y jóvenes, donde se reconocen relaciones que forman a partir de la experiencia atraída y realizable en su diario vivir; o como tensiones presentes en el marco de relaciones de poder y que –en estas resistencias expresadas en prácticas de formación– pueden estar direccionadas en acciones que transforman al sujeto, en tanto identidad y acciones, pero también reproducidas en formas aisladas, que propician condiciones y eventos que no están enmarcados dentro de las ideas constituidas de la sociedad, formas abstractas y diferentes de lo que se espera que sea una sociedad. Son prácticas de territorio, vividas y sentidas en un lugar, físico, emocional, colectivo y propio.

Algo muy interesante en los aportes de las prácticas formadoras expresadas por Sáenz es justamente cómo aparecen estas prácticas en el marco de la institucionalidad reafirmando una condición de poder. Una relación que se centra en la expresión binaria de obediencia y dependencia, lo cual genera una visión de imposibilidad que llega a legitimar una necesidad en la práctica en el otro. Lo que lleva a plantear la generación de una relación de gobierno sobre la práctica que pasa de la posibilidad de autogobernarse a la de seguir unas regularidades impuestas.

> Algunos textos de Michel Foucault sobre la forma pastoral de las prácticas de formación/gobierno del cristianismo institucional, además de señalar su carácter simultáneamente individualizador y de gestión del «rebaño» en su conjunto, así como su obligada inscripción en relaciones de dependencia y obediencia, plantean que un conjunto de prácticas de este poder pastoral fue

> apropiado por las instituciones y el Estado moderno para el gobierno de los individuos y de la población. (Sáenz, 2009, p. 93).

En este punto, se cuenta con las apropiaciones y reflexiones con respecto a la teoría de las prácticas y sobre las dimensiones; en los párrafos anteriores se esbozaron rápidamente unas de las nociones y apreciaciones que resultan muy interesantes en el momento de acercarse a comprender el sentido de la práctica y así avanzar en la reflexión. Sin embargo, es importante mencionar los aportes de Pierre Bourdieu, quien argumenta precisiones al respecto del concepto de prácticas, y aunque este estudio no se centra en la comprensión específica dada por él, sí resulta interesante retomar su concepción porque establece una relación valiosa entre el concepto y la producción misma de la práctica en el campo de las relaciones y los hábitos de los agentes.

Pierre Bourdieu, citado en Gutiérrez (2005), presenta las prácticas en el marco de las relaciones en conjunción a la producción que realizan los agentes en un contexto específico, compuestas por el capital social, económico, cultural y simbólico. Entre estos establece un tipo de relaciones de los agentes con el contexto donde es producido el capital, y en el cual entra en el juego también la creencia y lo que es constituido a partir de una adherencia interna y externa del juego, que es producido por los agentes. En el marco de esas relaciones habla del sentido de las prácticas.

El primer tipo de relaciones a las que alude Bourdieu es «el sentido de las prácticas», y apunta a reflexionar sobre las posibilidades de aprehender la lógica que ponen en marcha los agentes sociales que producen su práctica, que actúan en un tiempo y contexto determinado (Gutiérrez, 2005, p. 20). Se establece una relación de producción de la práctica, no exclusivamente como la producción en masa, sino en el sentido de producir el agente y la práctica que es dada en un contexto. La intención de traerlo a esta reflexión es justamente tensionar un poco el concepto, verlo desde diversas acepciones, encontrando aproximaciones que se contengan.

En un aparte de su teoría de la práctica, Bourdieu, precisa que esta se da en el marco de la teoría de la acción con la noción de *habitus*, donde indica que las acciones humanas tienen un inicio o principio que a veces es diferente a la intención, se podría decir que nacen o se crean diferentes a la motivación, nos dice:

> La teoría de la acción que propongo (con la noción de habitus) equivale a decir que la mayor parte de las acciones humanas tienen por principio algo completamente distinto a la intención, es decir disposiciones adquiridas que hacen que la acción pueda y deba ser interpretada como orientada hacia tal o cual fin, sin que uno pueda plantear sin embargo que haya tenido por principio la búsqueda consciente de este fin. (Gutiérrez, 2005, p. 28)

Algunas veces estas prácticas son innatas, están ahí porque son regulares, no dan pie a pensarse. Se realizan en la cotidianidad en un ejercicio contenido o producido dentro de un campo, también se relacionan directamente con la noción de hábito, con el cual genera una relación entre las estructuras de la subjetividad y las estructuras sociales vistas como una composición de la misma realidad y por la cual se define la acción.

Estas versiones o entendimientos de las prácticas se dan en una composición relacional y son producidas por los sujetos en una interacción con su realidad, que está vinculada a otros movimientos dados en el mismo escenario o contexto. En las apreciaciones al respecto de las prácticas, se encuentra la movilización del sujeto o agente[5], y este mismo como productor. Estas apreciaciones pueden tener puntos cercanos donde se entrecortan y llevan a que la práctica tenga una intención nacida del sujeto que moviliza o transforma; además, donde la intención en la práctica no necesariamente está condicionada por una relación

---

5. Según los planteamientos de Bourdieu, el sujeto o agente es la persona, individuo o colectivo que hace que se produzca una práctica o es quien produce una práctica.

donde se etiqueta como buena o mala, sino que está perfeccionada en el contexto donde se desenvuelve el sujeto.

Para finalizar y puntualizar la práctica como acción regular o temporal que materializa la estética de un sujeto, individuo o colectivo, se afirma que es una acción neutra, motivada, formativa, sin importar la dimensión donde se encuentre ubicada. En otras palabras, dentro de un contexto moral o intensión moral, una práctica puede ser denominada como mala, o su intención motivada dentro de una mala acción; pero esa misma práctica, en otro contexto, puede ser determinada como justa o buena. No toda práctica forma y no toda práctica es estética, no toda práctica tiene una motivación deliberada o se constituye como una acción deliberada para la formación de sujetos ético–políticos. Se pueden encontrar prácticas que forman al sujeto y denotan la toma de decisiones autónomas o manipuladas y que no se encuentran o tienen relación con una institucionalidad. La práctica en sí, como práctica, motiva una acción regular y temporal en el sujeto: lo contiene, lo moviliza, lo transforma y, en ese sentido, moviliza la realidad que lo rodea. Se constituye una relación entre el sujeto y la práctica realizada y la práctica, su realidad y su territorio.

2.2.6 Las niñas, niños y adolescentes y su ser como sujeto

Es importante mencionar por qué la denominación «niños, niñas y adolescentes» (en adelante «sujetos») como categoría de la investigación en el desarrollo de este documento. Se presentan como sujetos de saber, que viven, sienten y crean la práctica, su cuerpo y su territorio.

El utilizar el concepto de niño, niña y adolescente permite la ubicación en un periodo de vida de los sujetos que crean la práctica, mas no lo que los constituye como sujetos o como niños, niñas y adolescentes (NNA), ya que este concepto, como es utilizado generalmente, sesga o cierra la constitución de ellos como vida, como creación, como motivación, como producción, como práctica. Sin embargo, no podemos dejar de reconocer la definición desde la temporalidad de la que da cuenta el ICBF cuando habla de niños y niñas como un aspecto etario:

> Niñas y niños se entiende por niño o niña, las personas entre 0 y los 12 años y por adolescentes las personas entre 12 y 18 años. Para la Corte Constitucional los adolescentes son los jóvenes que no son mayores de edad, pero tienen la madurez y la capacidad para participar en los organismos privados o públicos que tengan como fin la protección de la juventud en virtud del artículo 45 de la Constitución. (Secretaría General Instituto Colombiano de Bienestar Familiar Jefe de la Oficina Jurídica, 2010).

En este orden de ideas, el Código de Infancia y Adolescencia incorporó en el artículo 3 la definición que diferencia a un niño o niña y adolescente:

> Dicho artículo manifiesta que las nuevas definiciones no deben afectar lo establecido en el artículo 34 del Código Civil, presentando inconsistencias entre los conceptos del Código Civil y del Código de la Infancia y la Adolescencia. Esta situación se soluciona gracias al parágrafo del artículo 53 de la Ley 1306 de 2009, referente a la protección de las personas discapacitadas, que modificó el artículo 34 del Código Civil, en donde impúber se equipara con la definición de niño o niña del Código de la Infancia, es decir hasta los 12 años y la Adolescencia, y menor adulto con la definición de adolescente del mismo código. (Secretaría General Instituto Colombiano de Bienestar Familiar Jefe de la Oficina Jurídica, 2010).

Atendiendo también las disposiciones internacionales es importante mencionar las precisiones que hace UNICEF con respecto a los dos conceptos. «Se entiende por niño todo ser humano desde su nacimiento hasta los 18 años de edad, salvo que haya alcanzado antes la mayoría de edad» (UNICEF Comité Español, 2006, p. 10).

Frente al concepto de adolescencia este se entiende como:

> Un período de transición entre la infancia y la edad adulta y, por motivos de análisis, puede segmentarse en tres etapas: adolescencia temprana (de 10 a 13 años), mediana (4–16), y tardía (17–19). Es una época muy importante en la vida debido a que las experiencias, conocimientos y aptitudes que se adquieren en ella tienen implicaciones importantes para las oportunidades del individuo en la edad adulta. (unicef Comité Español, 2006, p. 10).

Estos conceptos generales se ubican para precisar derechos, deberes y aspectos de normatividad para la atención y protección de los NNA, pero no permiten ubicarlos como creadores, productores de prácticas, y esto tiene una connotación relacionada con la diversidad y formas de entender lo que son en su estado natural. Algunos autores, como Sáenz (2009), han precisado más esta condición y los ubican históricamente alrededor de la multiplicidad de relaciones. El concepto de infancia, según Sáenz, tiene históricamente una incompatibilidad con la autocreación en el marco de la modernidad, ya que puede sesgar o limitar la posibilidad de producir sujetos veraces, libres y felices. El autor también precisa que la concepción de infancia aparece en la modernidad donde se fabricó el objeto y la autoexperiencia moderna de ser niños/as, y las prácticas de infantilización se configuraron del conjunto de las instituciones de la modernidad, no solo de la niñez, sino de la población en general (p. 92).

En este sentido, en esa diversidad de relaciones que emergen en la modernidad, surge el concepto de infancia que incluye los términos de niño y niña. Lo cual justamente permite que algunas instituciones reproduzcan prácticas propias de estos y las materialicen como acciones aceptadas colectiva e individualmente. Aquí es donde la práctica empieza a jugar un papel importante en la conformación de los NNA y, teniendo en cuenta lo mencionado por Sáenz (2009), la constitución de estos como sujetos está directamente relacionada con las prácticas que realizan, prácticas que desarrollan en las instituciones y que encierran toda la producción social, ubicándolos dentro de la escuela, la iglesia y la familia, y desde allí marcando los límites de lo que son y pueden ser.

Cuando hay expresiones en la práctica y en las vivencias que nacen del contexto de las instituciones, propias o deliberadas, se evidencia lo que es el niño o niña que no tiene nada que ver con que esté ubicado en un rango de edad o en una temporalidad. La producción de sujeto de este NNA, lo ubica en un contexto y lo ubica en un marco de relaciones, muchas veces tensionadas, otras veces más livianas, que expresan su realidad interior o exterior, y lo puede hacer en cualquier momento del periodo de su vida, sin ubicarse temporalmente en una etapa de crecimiento. Cuando el NNA se sitúa con respecto a las instituciones está en medio de la producción de relaciones de poder y su producción como individuo es permeada por la idea de formalización presentada por estas; pero también cuando no está vinculado a las instituciones, también hay producción de lo que es. Se podría decir que es una producción más autónoma, una producción que puede presentarse en forma de práctica discursiva, práctica artística, práctica cotidiana etc. Es así, como los niños y las niñas, se han visto movilizados dentro de la infantilización de todas sus acciones; esto es, lo pequeño; lo diminuto; lo que necesita ser formado y organizado, como si le faltase algo, y la necesidad de la sociedad de producir un niño o niña que se acomode a la idea que se tiene de él.

Siguiendo la misma línea de la definición o concepto de niño, niña y adolescente, también se plantea en el marco de una temporalidad que permite ubicarlos y demarcar las acciones y prácticas realizadas por ellos. Sáenz y Ariza (2012) plantean una forma de entender cómo han sido visto estos históricamente:

> La apropiación estratégica del concepto de adolescencia en el país, dentro de la cual se privilegiaron los temas que apuntalaban sus características de peligro social y que intensificaron el «pánico moral» hacia los no adultos y hacia los pobres —lo que había caracterizado los discursos acerca de la infancia en las primeras décadas del siglo pasado—, hizo posible anudar una serie de «problemas» morales y sociales cuya consecuencia fue la ampliación espacial y la intensificación disciplinaria o reguladora de la formación–gobierno de los adolescentes [...] (que en el caso de los adolescentes se centrarían en la sexualidad); el alcoholismo, la vagancia, la delincuencia, la creación de necesidades «artificiales» del mundo «moderno», el carácter insalubre de la vida urbana, los efectos nocivos de los medios de comunicación, la influencia perniciosa de los climas tropicales, la vida licenciosa e incivilizada de las familias populares (p. 18).

De esta manera, los autores plantean la connotación que se le daba al adolescente por estar en un periodo de concentración en sí mismo, determinado por las emociones, sentimientos y expectativas que estaba viviendo; para lo cual, el otro, el adulto o las instituciones no se encontraban preparados y significaba para ellos perder el control sobre esos individuos. Nuevamente, esas categorías mostraban al adolescente con el horror de padecer de una forma de ser que generaba miedo, por la necesidad de exploración, surgimiento y potencialización de formas de pensar y formas de entender su cuerpo y sus sentimientos.

> La adolescencia sería entonces una etapa caracterizada por la introspección, la reflexión y un sentimiento de soledad, la cual, así como se prestaría para el cultivo y el gusto de las artes, también suscitaría peligros morales y sociales. En la adolescencia se manifestaría, igualmente, una tendencia hacia la inmovilidad, la inactividad e, incluso, hacia la regresión psíquica, en tanto retorno hacia la niñez. Esta desconfianza hacia las tendencias introspectivas de los adolescentes —es decir, que ellos se interesaran por sí mismos— es constitutiva de dispositivos posdisciplinarios del gobierno social de la población [...] Se trata de formas de gobierno basadas en una regulación relativamente libre (liberal) de los «intereses naturales». (Sáenz y Ariza, 2012, p. 21).

La etapa de la adolescencia permite el surgimiento del sujeto consciente de sí mismo. Se resalta que siendo niño se es sujeto; pero siendo adolescente, la constitución del sujeto es más cercana a una constitución de sí. Justamente en esta etapa, el adolescente toma decisiones sobre sí mismo. «Aparecerían entonces los deseos de ser escuchados, de tener confidentes, de desarrollar actividades con otros adolescentes. Sería también la época en que los jóvenes comenzarían a participar en pandillas» (Zapata, 1941; Anzola, 1948 en Sáenz y Ariza, 2012, p. 23). La percepción de un miedo ante el comportamiento desconocido de los adolescentes configuró la forma como debían ser tratados y como se establecían las relaciones de poder que permitían ejercer el control o dirección sobre sus acciones y sus prácticas.

> La noción de adolescencia permitió articular las formas de concebir, mirar y gobernar a los jóvenes, tanto como individuos en la escuela y como parte de un grupo poblacional en el territorio, en especial en el de las ciudades. Esto por la configuración de un dispositivo que, para empezar, anudaba un conjunto de analogías adolescente–población pobre; en segundo lugar, dirigía la mirada al carácter peligroso de la sociabilidad adolescente, lo que ponía

> en cuestión ya no solo las deficiencias biológicas del pueblo, sino sus formas de relacionarse consigo mismo y con los otros y de actuar colectivamente; y, por último, como consecuencia de las anteriores, por la multiplicación de los escenarios de gobierno–formación de los adolescentes pobres. (Sáenz y Ariza, 2012, p. 24).

Revisando el desarrollo o el contenido de la elaboración del concepto NNA, se precisan aspectos en donde se enmarcan estas definiciones y estos conceptos, como lo decía anteriormente, alrededor de una temporalidad biológica donde se evidencian unas características físicas–biológicas y comportamentales de estos individuos. Por otro lado, se encuentra el desarrollo del concepto mediado o direccionado a la protección de dichos sujetos, pero en tanto a normatividad y regulación de las acciones que les genera protección. No obstante, se presenta una característica muy importante y justamente tiene que ver con lo elaborado por Sáenz; el NNA tiene la constitución de sí, es decir, deja de ser sujeto puesto que es definido y normado, primero, por esas características físico–biológicas y, segundo, por el hecho de ser protegido. Ahora bien, en ningún caso se está negando la importancia de que sean entendidos desde estos enfoques, a pesar de ello, se evidencia la carencia en la dimensión del individuo que puede constituirse como sujeto, capaz de decidir ante sus circunstancias primarias e inmediatas.

Lo que se pretende decir, es que el potencial de creación y de producción que tiene el sujeto (NNA) justamente en estas etapas de su vida, lo ayudan a constituirse como sujeto ético–político capaz de decidir en el contexto inmediato y en la realidad en la cual se encuentre vinculado. La importancia radica en potenciar las habilidades y capacidades que tienen los NNA como sujetos y no minimizar sus prácticas y sus acciones a una normatividad o a una tendencia físico–biológica. Los sujetos (NNA) se vinculan a relaciones de poder desde sus primeras etapas de aprendizaje; su experiencia, sus vivencias y sus relaciones lo constituyen como sujetos; de ahí que tengan la capacidad de tomar postura frente a una situación de su realidad. Es así como los sujetos (NNA)[6] en esta investigación siempre serán sujetos de saber, que viven, sienten y crean la práctica, su cuerpo y su territorio.

De esta manera, entender las prácticas en el marco de la multiplicidad en tanto relaciones, materializa las fuerzas expresadas en el ejercicio cotidiano del (NNA) en su territorio, en sus vivencias, en su cotidianidad. De allí, la importancia de pensarlo como sujeto constituido como creador y productor, que presenta prácticas de resistencia, tensiona relaciones y que vive realidades colectivas, individuales, internas, presentes y ausentes.

6. Sujetos de saber que viven, sienten y crean la práctica.

Capítulo III

3. Entramado metodológico (metodología)

El proceso metodológico se realizó a través de la investigación cualitativa, utilizando como estrategia la etnometodología la cual permite visualizar actividad humana, la cual es considerada por Garfinkel como habilidosa, inteligente, e improvisadora; de ahí que la acción social está formada artísticamente en el momento y con los recursos disponibles (Packer, 2013) y priorizando técnicas etnográficas que permitieron la comprensión del problema y el logro de los resultados de la investigación. Es así como el entramado metodológico se materializó a través de los procedimientos y hechos que evidenciaron la intención de este estudio. A continuación, se presenta la orientación metodológica desde la cual se desarrolló este estudio, este segmento es llamado, entramado metodológico, los contenidos, las técnicas y las herramientas de trabajo utilizadas, desde las cuales se promovieron las prácticas en su doble función teórica y operativa.

El pensar la práctica como reflexión y como acción, involucra reconocer los procesos de formación en el sitio, según el contexto donde viven y conviven los niños, niñas y adolescentes; lo que comprendemos como formación en el sentido extracurricular, en la casa, la cuadra, el barrio, el sector y sus representaciones e imaginarios como ciudad. Investigar sobre las prácticas culturales cotidianas de los niños, niñas y adolescentes permite entender la práctica en relación con una acción recurrente, que responde a su dimensión como multiplicidad y movimiento dinámico donde se involucra el contexto.

Esta concepción de relaciones se construye a partir de los aportes de Deleuze y Guattari (2004), quienes nos hablan de relaciones de fuerza, inmóviles, discontinuas y segmentadas, entre otras, que permiten revisar la multiplicidad como un principio «que deja de tener relación con lo Uno como sujeto o como objeto, como realidad natural o espiritual, como imagen y mundo» (Deleuze y Guattari, 2004, p.13). En ese sentido, se piensa la práctica en las multiplicidades como fuerzas, como dinámicas cotidianas. «Una multiplicidad no tiene ni sujeto ni objeto, sino únicamente determinaciones, tamaños y dimensiones que pueden aumentar sin que ella cambie de naturaleza» (Deleuze y Guattari, 2004, p.15).

De esta manera, la práctica se constituye en una de las categorías principales en esta investigación, como aquella que permite dar una orientación metodológica. La práctica contiene la característica de aportar en la constitución de sí misma, en su comprensión y análisis; genera apreciaciones específicas porque ella misma brinda el sentido de su regularidad. Es decir, cuando una acción del sujeto o de un colectivo se hace permanente o constante hace evidente la acción de las prácticas realizadas; recordando un poco a Bourdieu, la práctica está relacionada con la acción social, en la cual se resalta que no basta solo con describir la práctica objetivamente, es importante rescatar el agente social que la produce. En ese sentido, la relación entre los agentes–sujetos en la producción y reproducción de la práctica constituyen la experiencia de la realidad (Gutiérrez, 2005).

Así, la práctica constituida por esas acciones que son regulares y que expresan el sentido del individuo, pero también del colectivo, muestran la existencia de una carga subjetiva en tanto que se presenta un conocimiento práctico del sujeto, de cómo viven, perciben y se sienten desde su cotidianidad. Se podría pensar en la práctica como acción dicotómica, porque se ve la relación entre lo objetivo, lo descriptivo y las relaciones que construye el sujeto con su vivir, su sentir y los demás sujetos que intervienen. De esta manera, la práctica, como acción, describe, pero al mismo tiempo carga de sentido la acción, y es allí donde se establecen relaciones con la realidad. Así como aparece en la figura 2, la práctica entonces pretende darle lugar a lo colectivo como posibilidad de relacionar lo individual, rompiendo el esquema dicotómico entre lo objetivo y lo subjetivo; los conjuga a un devenir que es la realidad de quienes intervienen.

Figura 2. La práctica y su sentido en lo metodológico

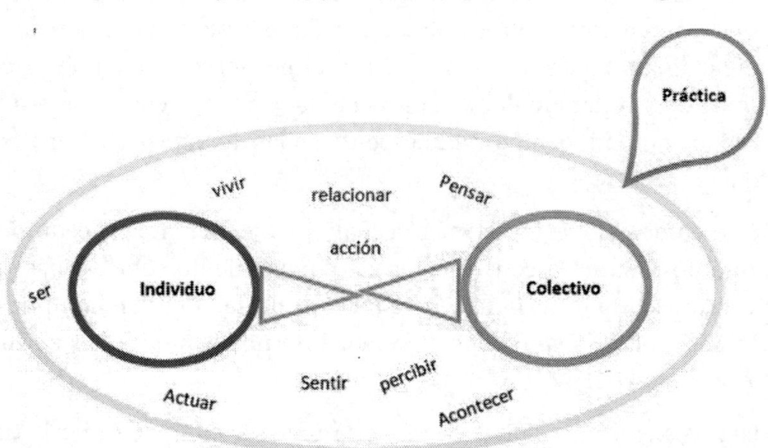

Fuente: elaboración propia.

Es importante señalar que las dimensiones de las prácticas pueden estar orientadas de diversas maneras. Como se mencionaba anteriormente, la práctica puede ser individual o colectiva, puede intervenir el carácter subjetivo y objetivo de las personas o las situaciones y puede tener una intención o ser motivada por alguien más. Son muchas las apreciaciones al respecto de esta categoría que se materializa a partir de expresiones que incluyen el arte, como la música, el dibujo, el baile, el canto; pero también promueve acciones constantes en la vida cotidiana, como alimentarse o generar conflictos en el sujeto y en otros actores de la práctica. En otros términos, las prácticas en tanto acción y dimensión tienen un carácter intencionado y cargado de sentido que el sujeto quiere manifestar. Entonces entendemos la práctica en la relación de varias dimensiones, no una sola, porque es constitutiva de sujetos y sujetos sociales que construyen sus realidades.

El entramado metodológico de esta investigación se orientó desde los aportes de la investigación cualitativa, que en su concepción cuestiona el cómo conocemos la realidad y promueve la relación que se tiene entre quien conoce y los sujetos que dan cuenta de sus realidades y de los hechos que circulan a su alrededor. En este sentido, se realizó un ejercicio dinámico, descriptivo e interpretativo del contexto; un proceso compartido y reiterado donde se rescató la vivencia del otro sujeto reconocido como niño, niña y adolescente en las dinámicas del territorio barrial.

La metodología de investigación cualitativa se refiere a procedimientos que posibilitan la construcción de conocimiento sobre la base de conceptos, los que permiten la reducción de la complejidad, puesto que al relacionarlos generan coherencia interna del producto científico (Krause, 1995, p. 21).

La investigación cualitativa requería precisar cómo abordar la descripción de las prácticas de resistencia–convivencia que se presentan en el contexto de las violencias–paces de los niños, niñas y adolescentes que habitan el territorio (barrios Tokio y Las Brisas) de la comuna Villa Santana en Pereira. Indagar sobre estas prácticas permitió teorizar y aportar en la construcción de conocimiento desde la experiencia de acercamiento, reconocimiento y contextualización del territorio y desde los actores sociales e institucionales involucrados; seguido de la construcción de preguntas orientadoras, y la aplicación de instrumentos y técnicas en el marco de una concepción metodológica que circulaba entre la etnometodología y la etnografía.

Esta investigación describe las prácticas construidas y constituidas en un territorio. Metodológicamente se pretendió centrase en la recuperación y visualización de dichas prácticas. Es así como en esta trayectoria de investigación se retomó la etnometodología con su carácter sociológico, que permitió profundizar en la descripción de las prácticas, así como generar una disposición reflexiva al momento de reconocerlas y pensarlas dentro de las categorías de paz/paces y violencia/violencias. La etnografía como procedimiento de campo permitió hacer una conexión entre las prácticas de los sujetos y los instrumentos de recolección, generando una condición participativa de los sujetos actores de esta investigación en los procesos de producción de conocimiento; de igual manera, resaltando el valor de la producción de las prácticas cotidianas del territorio (los barrios Tokio y Las Brisas).

Es importante mencionar que «la etnometodología se refiere a un método que la gente posee, es un conocimiento de los asuntos cotidianos que puede ser revelado en forma de razonamientos prácticos» (Garfinkel, 2006, p. x). Para el caso de estudio, se trató de profundizar tanto en la producción cotidiana de las prácticas de los niños, niñas y adolescentes como en el territorio que los rodea.

Fueron muchos los aspectos y características de esta estrategia los que permitieron que la intención de la investigación fuera materializada. Así, se pudo resaltar el reconocimiento de los procedimientos y las actividades que constituyen la práctica de los sujetos actores de la investigación. Asimismo, se identificaron las prácticas de convivencia y resistencia y su constitución. De esta manera, los resultados de la investigación contaron con la riqueza de la expresión de los sujetos. como dice Garfinkel (2006):

> La recomendación central que se desprende de estos estudios es que las actividades por las que los miembros producen y manejan escenarios organizados de asuntos cotidianos, son idénticas a los procedimientos por cuyo medio dichos miembros dan cuenta de y hacen explicables esos escenarios (p. 9).

Desde esta se recomienda el de reconocer y permitir que los miembros de la comunidad u organización logren hacer, desde sus prácticas, relatos organizados de acuerdo con sus usos; es decir, de la forma como ellos lo organizan, que permiten una comprensión distinta de la realidad. Es por lo que Garfinkel (2006) usó el término etnometodología, «para referirse a la investigación de las propiedades racionales de las expresiones contextuales y de otras acciones prácticas como logros continuos y contingentes de las prácticas ingeniosamente organizadas de la vida cotidiana» (p. 20).

El entramado metodológico recoge la experiencia de la etnografía como base estratégica de la etnometodología. Por sus orígenes en la antropología social, se acerca a ejercicios de campo con descripciones de las prácticas culturales. Es así como desde esta perspectiva se posibilitó el desarrollo del trabajo de campo y la experiencia del investigador con los sujetos actores de la investigación. Según Clifford (1988) citado por Rappaport (2007):

> Es necesario concebir la etnografía no como la experiencia y la interpretación de una realidad 'otra' acotada, sino como una negociación constructiva que involucra al menos dos, y usualmente más, sujetos conscientes y políticamente significativos. Los paradigmas de la experiencia y la interpretación están cediendo paso a los paradigmas discursivos del diálogo y la polifonía (p. 198) [...]. En lugar de entender la etnografía como un proceso de investigación de campo, en Estados Unidos se ha definido como un género literario, como la interpretación cultural. (Rappaport, 2007, p. 215).

Esta reubicación de la etnografía se basa en el desarrollo de trabajo de campo marcado por unas técnicas que permiten conversaciones y elaboraciones más cercanas con los sujetos de investigación, en tanto se escuchan sus voces y el investigador participa en este ejercicio.

Por otro lado, la práctica etnográfica colombiana, según Rappaport (2007), conduce con frecuencia a colaboraciones a largo plazo, lo que desafía las distinciones hechas comúnmente en Estados Unidos entre investigación pura y antropología aplicada, y que son más cercanas a las nociones recientes de una antropología activista. Entonces, se resalta en el trabajo de campo el desarrollo de talleres, procesos escriturales y artísticos que buscan evidenciar la voz que cotidianamente viven los sujetos, que es lo que propone esta investigación.

La etnografía ha generado discusiones contemporáneas llamadas posmodernas, ubicadas en el marco de las reflexiones y tendencias al respecto de la importancia del trabajo de campo y la reflexión de los sujetos actores de la investigación. Los actores son parte de los sistemas locales, lo que lleva a plantear la modalidad de investigación etnográfica. Es un llamado para que se incorpore conscientemente el sistema mundo, y promover que se salga de los lugares y situaciones locales de la investigación etnográfica convencional al examinar la circulación de significados, objetos e identidades culturales en un tiempo–espacio difuso (Marcus, 2011, p. 112).

Precisamente, estas variantes de la reflexión en torno a la investigación etnográfica hacen que esta permita la reflexividad en torno a la utilización de este tipo de enfoques; para este caso particular, reflexionar y describir las prácticas de resistencias–paces en el macro de las tensiones socioculturales, como es la paz/paces y la violencia.

De esta manera como método, enfoque y texto, la etnografía permitió la utilización de las técnicas de recolección de información en campo justamente en su triple acepción. Fue un medio para lograrlo en tanto enfoque porque constituye «una concepción práctica de conocimiento que busca comprender los fenómenos sociales desde la perspectiva de sus miembros (entendidos como actores, agentes o sujetos sociales)» (Guber, 2011, p. 16).

3.1 Arquitectura metodológica (diseño metodológico)

Todo proceso metodológico requiere de un proceso de diseño y construcción, un plan que permita el logro de los objetivos de la investigación y que denominamos metodología. Requiere de un diseño de proyección metodológica a la luz de las categorías de interés investigativo en relación con los sujetos. El diseño metodológico se logró a través de 4 pasos, que dan cuenta de los momentos metodológicos de la investigación

Paso 1.

3.1.1 Constitución del archivo:

Son los elementos discursivos presentes en los documentos de referencia que contiene información precisa sobre un hecho, un desarrollo teórico de una categoría o tema específico. El archivo además de constituirse como una serie de documentos que permiten precisar la temática en una investigación, también les da fuerza a las categorías. Por otro lado, el archivo se compone de elementos valiosos que le dan sentido a la investigación, contiene información escrita, actas, diarios; contenido visual, como fotografías, y registro del trabajo de campo, característico de los estudios de corte etnometodológico.

El archivo de esta investigación recogió documentos, fotografías, diarios de campo, actas, transcripciones de entrevistas, notas de prensa, entre otros. Así fue adquiriendo vida la investigación, al tiempo que ampliaba la precisión conceptual y teórica. La composición del archivo en tanto referencia documental, teórica, de prácticas y metodologías en sitio permite que se aproxime la relación entre el problema, la concepción y la forma de trabajo.

Momento 1. Revisión de literatura y precisión de categorías: el proceso se realizó ubicando autores y tendencias teóricas que aportaran en el desarrollo conceptual de las categorías, resistencias y convivencias; identificando la evolución de los conceptos desde diversas investigaciones realizadas en Colombia, como también diferentes posturas y tendencias que se vienen desarrollando desde las ciencias sociales. En forma paralela se revisaron las categorías de paz/paces, retomando concepciones de la tendencia europea que permitió identificar la evolución teórica de la paz hacia las paces y terminando en algunos estudios latinoamericanos y colombianos que se acercan al desarrollo de la paz territorial. Al tiempo, se trabajó la categoría de violencia, ubicando algunas reflexiones y su conexión con las relaciones de poder, lo cual posibilitó problematizar la investigación en una categoría socio–cultural. Como conjunto, las diferentes categorías conceptuales nos llevaron a precisar las mismas categorías, generando en el proceso analítico–teórico una movilización de las categorías principales, como lo son la resistencia y la convivencia. Al respecto de esta última, se trató de identificar un desarrollo teórico que permitiera la circularidad de las demás categorías, no como una acción móvil, sino como aquella que integrará el todo, el sentido del sentir de los sujetos.

Momento 2. Selección del tipo de técnica: una de las preguntas frecuentes en los procesos de investigación se refiere al tipo de técnicas que se utilizan para la recolección de información; es decir, los instrumentos usados para recopilar el sentir, el decir, el accionar y, para el caso particular, describir las prácticas de los niños, niñas y adolescentes en el territorio. Para decidir qué tipo de técnica utilizar, juega un papel muy importante el método o métodos utilizados, como también las condiciones, los contextos de la investigación y los sujetos, como actores de la investigación.

Las técnicas e instrumentos de la etnometodología y la etnografía precisan que en el trabajo de campo se implemente el uso de la observación, las entrevistas, los diarios de campo, los talleres, entre otros registros. Para este ejercicio se seleccionaron las técnicas siguiendo la intención y posibilidad de realizar los objetivos específicos, así como teniendo en cuenta lo recomendado por los métodos ya mencionados. Estos elementos metodológicos conducen a un diálogo con los objetivos, el método orientado y los desarrollos teóricos de las categorías principales. En este momento es importante señalar que se construyó un consentimiento informado donde se revisaron se revisaron consideraciones éticas, como la autorización de los sujetos de investigación para la aplicación de los instrumentos y que no fueran a vulnerar sus derechos de privacidad y confidencialidad (ver en los anexos de la investigación); además en este momento en el proceso metodológico fue significativo preguntarse por el tipo de información que se recolectará, el acceso a la información, la disponibilidad de tiempo de los sujetos, la relación con las categorías y el contexto,; así como también se debe pensar en los sujetos, quienes van a aportar su saber y construyen la información para la investigación, como se observa en la figura 3.

Figura 3. Relación de la intención de las técnicas e instrumentos

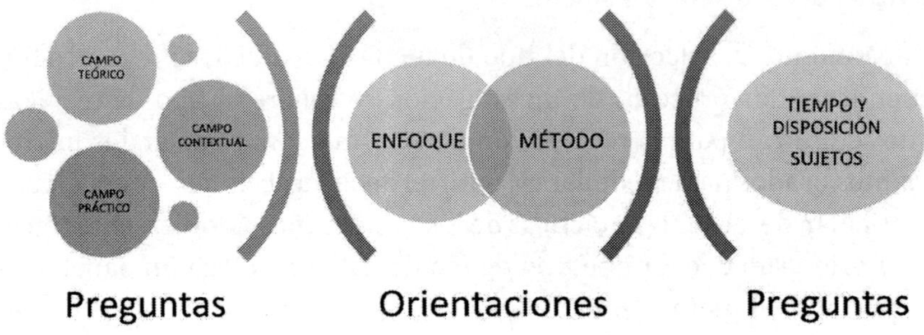

Fuente: elaboración propia

Momento 3. Organización del trabajo de campo: como se mencionaba anteriormente, atendiendo al interés de la investigación y de los sujetos actores de la investigación, se prepara el trabajo de campo que articula el ejercicio etnográfico, etnometodológico y la planeación de las técnicas y herramientas a utilizar. Para lograr este momento se establece un plan de aplicación de las técnicas en la constitución del archivo, que para el caso nacieron de la profundización teórica y del conocimiento del contexto.

La ruta o el plan que permitió la organización del trabajo de campo fue diverso, no fue exclusivamente lineal, pero sí ofreció claridad al respecto del cómo se utilizarían cada una de las formas concretas metodológicas y en qué tiempo.

Paso 2

3.1.2 Diseño de técnicas de recolección de la información:

El diseño de las herramientas y las técnicas de recolección de la información se llevó a cabo a través de la organización de la información y de las experiencias de aproximación al contexto; lo que permitió ubicar las categorías y las preguntas o formas de evidenciar la realidad de la población, de acuerdo con lo que los sujetos actores de la investigación develaban en sus prácticas; así, se realizó una segmentación de las técnicas y los procesos de recolección. La utilización de las técnicas y el diseño de los instrumentos se centró en que estas describieran las prácticas en el juego de relaciones con las categorías que las movilizan en la investigación.

Figura 4. Técnicas de recolección de información

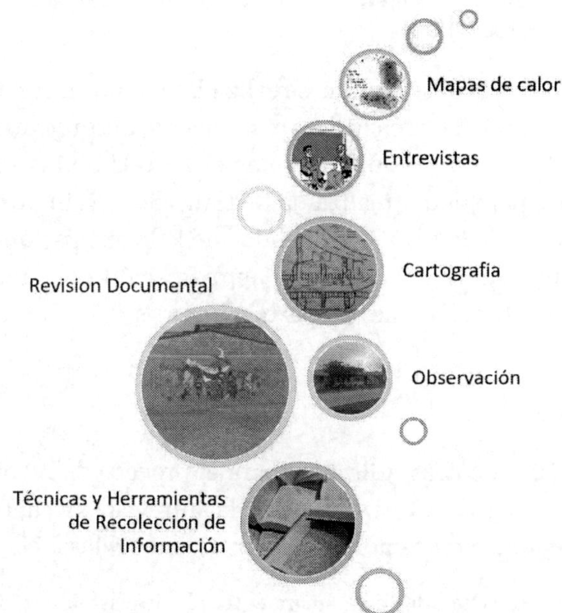

Fuente: elaboración propia.

La observación

La observación es una de las técnicas bandera del proceso de investigación etnográfica; se desarrolló con el objetivo de concretar la aproximación al contexto, además, para interactuar con la población y revisar las dinámicas del territorio sin que la población– sujeto–actor de la investigación se sintiera ante un extraño o como si le estuvieran invadiendo su territorio y contexto. Hay que precisar que la observación se entiende como:

> Una técnica de producción de datos consistente en que el etnógrafo observe las prácticas o «el hacer» que los agentes sociales despliegan en los «escenarios naturales» en que acontecen, en las situaciones ordinarias en que no son objeto de atención o de reflexión por parte de estos mismos agentes (Labov 1976, p. 146; Marshall y Rossman 1989, p. 79), a la vez que participa en el desarrollo de esas prácticas de diferentes maneras y en distintos grados (Gold 1958; Junker 1960; Spadley 1980), que van desde intervenir activamente en su ejecución hasta simplemente estar presentes en esos escenarios (Guber 2001) (Jociles, 2018, p. 124).

Es así como las observaciones realizadas contaron con una guía que permitió orientar el ejercicio. La aproximación al contexto se hizo a través de un líder de la comunidad que permitió la ubicación contextual del territorio para poder realizar la investigación. Es importante aclarar que, de acuerdo con la intencionalidad de la investigación, las observaciones fueron direccionadas como aproximación del contexto, por tal razón fueron observaciones no participantes.

La entrevista

Otra de las técnicas utilizadas para el proceso de recolección de la información en esta investigación fue la entrevista, la cual según Taylor y Bogdan (1990), citados por Robles (2011), hace referencia a:

> Encuentros reiterados cara a cara entre el entrevistador y los informantes, reuniones orientadas hacia la comprensión de las perspectivas que tienen los informantes respecto de sus vidas, experiencias o situaciones, tal como

> las expresan con sus propias palabras. Las entrevistas en profundidad siguen el modelo de la conversación entre iguales y no es un intercambio formal de preguntas y respuestas (p. 40).

Para este caso, con la entrevista se quiso conocer la voz propia de los sujetos actores de la investigación, sus experiencias alrededor de las categorías teóricas mencionadas y principalmente de sus prácticas. Las entrevistas se acercaban al sentir de los sujetos de investigación en cuanto a la realización de sus prácticas; también se utilizaron con algunos padres y líderes del territorio. Ha de mencionarse que las entrevistas fueron orientadas abiertas y semiestructurada, para permitir un diálogo más abierto con los sujetos de investigación y con ellas se buscaba, además, el relato construido sobre grafitis y murales.

Grupos de discusión

Dentro de las técnicas que rescatan la oralidad y las narrativas se encuentran los grupos focales, estos fueron combinados con algunos ejercicios y talleres, como cartografías realizadas con la población. Según Kitzinger y Barbourd (1999) citados por Castaño *et al.* (2017), los grupos de discusión buscan:

> Generar la participación entre los integrantes del grupo y después analizarla. «Cualquier debate de grupo se puede denominar grupo de discusión en la medida en que el investigador estimule activamente la interacción de grupo y esté atento a ella». (p. 17).

Metodológicamente permite tener un conocimiento más amplio al respecto de la situación estudiada y su organización tiene una característica en la cual se enmarca, como nos dice Ibáñez (1979) citado por Cáceres (2013) al respecto:

> El grupo de discusión como técnica de investigación consiste en reunir a un grupo de entre seis y diez personas y suscitar entre ellas una conversación sobre el tema objeto de la investigación, la cual debe estar dirigida por el autor del estudio, a la vez que se toman notas para no dejar escapar ningún detalle relevante para el desarrollo del trabajo. A partir de estos grupos, se

> producen múltiples discursos, lo que será la materia prima para el análisis e interpretación de los resultados posteriores. (Cáceres, 2013, p. 95).

De acuerdo con la ampliación de su concepto y definición los grupos de discusión permitieron recoger también algunas de las experiencias alrededor de las relaciones de poder y practicas realizadas por los NNA en el territorio, igualmente su intención resultó ser de mucha utilidad para acompañar el desarrollo de algunas cartografías.

Cartografías

En la investigación, las cartografías son de mucha utilidad, en ellas se lograron identificar aspectos y características de las prácticas y utilización del territorio, este término se caracteriza porque:

> Utiliza especificidades de la geografía para crear relaciones de diferencia entre territorios y dar así cuenta de un espacio. De este modo, cartografía es un vocablo que hace referencia a la idea de mapa, contraponiendo a la topología y a las representaciones euclidianas, que caracterizan al terreno de modo estático, con una mirada dinámica que procura visibilizar las intensidades, abriendo el registro al acompañamiento de las transformaciones que acontecen en el terreno percibido e ingresando en el terreno del sujeto como percibidor de ese mundo cartografiado. (Diez y Rocha, 2016, pp. 101-102).

La cartografía en esta investigación se centró en ubicar las prácticas de resistencia y convivencia, además de identificar lugares en donde se podían encontrar escenarios de violencia o de paz. El uso de la herramienta pretendía que los sujetos que participaban de la investigación pudieran expresar sus vivencias, sentimientos y ubicación de estas en el territorio.

> La cartografía es un lenguaje de representación del espacio geográfico, una forma de abstracción de la realidad; este lenguaje se transmite a través de una forma particular de comunicación iconográfica, el mapa, lo que nos lleva a situarlo dentro de un proceso comunicativo; así como en el discurso hablado prima la voz de la palabra, en el mapa priman las imágenes, los signos y los símbolos. (Barragán, 2019, p. 142).

La imagen o el mapa construido por los niños, niñas y adolescentes, además de ubicar las zonas conflictivas y de violencia, permitió observar en qué lugares se sentían cómodos, cuáles permitían transitar la convivencia y la intención, así como identificar cómo conviven las paces y las violencias.

Registro de Murales

Esta herramienta recoge dos elementos importantes de la investigación: primero, el hecho de capturar la imagen y el sentido de lo que se presenta en el mural y, segundo, el poder ubicar las zonas o sectores donde se encuentran los murales. Los murales son expresiones materializadas a partir de dibujos cargados de sentido, en ellos expresan las prácticas de los niños, niñas y adolescentes. Se tuvo en cuenta la conservación y el análisis de los murales por medio de la fotografía.

> El mural se define como aquella pintura que se ejecuta con un muro como soporte. Esta definición quedaría incompleta si no tenemos presente el verdadero concepto artístico intrínseco, que es el de formar parte de un espacio arquitectónico, de manera perfectamente armonizada con el entorno: edificio, habitación, iluminación, colores, formas, etc. (Falcón, 1996, p. 104).

Se trata de una forma concreta de acercarse al sentir de los sujetos; en esta investigación, además de permitir el abordaje de sus prácticas, se pudieron entender muchos de los pensamientos y de la constitución de los niños, niñas y adolescentes y de las personas que habitan el territorio, hacia ese sentido fue ocurriendo la investigación.

Mapas de calor

Siendo la violencia una de las categorías que se desarrollan en este estudio, una de las herramientas utilizadas para poder materializar esta categoría desde las prácticas fueron los mapas de calor. El objetivo de la utilización de estos se focalizó en identificar la tipología de los delitos o prácticas violentas más frecuentes en el territorio para más adelante ubicarlos en la relación establecida resistencia–convivencia–paz. Hay que señalar que los mapas de calor fueron obtenidos con la colaboración del Observatorio del Delito de la Policía Metropolitana Centro Occidente. Estos mapas hacen un recuento de las prácticas violentas asociadas al territorio desde el 2006 hasta el 2016.

Diarios de campo

El diario de campo como técnica de registro en esta investigación permitió apoyar la organización de la información en el momento de realizar las observaciones de aproximación al contexto. Asimismo, permitió, en el marco del desarrollo de las entrevistas y de los grupos de discusión, tener notas específicas al respecto de las técnicas que se estaban utilizando, lo que ayudó en el proceso de sistematización y análisis de datos.

> El diario de campo puede definirse como un instrumento de registro de información procesal que se asemeja a una versión particular del cuaderno de notas, pero con un espectro de utilización ampliado y organizado metódicamente respecto a la información que se desea obtener en cada uno de los reportes, y a partir de diferentes técnicas de recolección de información para conocer la realidad, profundizar sobre nuevos hechos en la situación que se atiende, dar secuencia a un proceso de investigación e intervención y disponer de datos para la labor evaluativa posterior. (Valverde, 1993, p. 309)

La utilización de esta herramienta de recolección de datos resulta muy útil, más cuando se están aplicando otras técnicas y herramientas como las cartografías, observaciones o talleres. Poder combinar algunas de las técnicas y herramientas con el diario de campo permite un mayor detalle sobre la información y las referencias directas o indirectas.

Revisión de prensa

La revisión de prensa se ubica dentro de la técnica de revisión documental, esta se utilizó con el objetivo de reconocer la movilización de la categoría de violencia en el territorio. La intención de las aplicaciones de la revisión de prensa se basó en varias preguntas metodológicas. Por lo tanto, primero, se estableció el tipo de prensa y de búsqueda a llevar a cabo; precisamente esto tenía que ver con lo que se quería encontrar y el tipo de práctica evidente en el discurso. Posteriormente, se definió el periodo en el que se iba a centrar la búsqueda con el objetivo de trazar una línea que permitiera identificar la permanencia de la práctica delictiva o violenta; para esto fue importante recoger algunos apuntes encontrados en la observación, ya que desde allí se identificaron los periodos con mayores indicios de violencia. De igual forma, desde los discursos de los habitantes de la zona, se reconocieron los momentos en los que se hizo evidente la aparición de las estructuras criminales.

Paso 3

3.1.3 Trabajo de campo, aplicación de las técnicas de recolección de la información

El trabajo de campo consta de los procesos realizados para la aplicación de las técnicas y herramientas de recolección de información, que responden específicamente al caminar en el ejercicio de la investigación. Esto supone un proceso lógico y en secuencia; no obstante, no todo el tiempo la aplicación de las técnicas ni los procesos de recolección de información tienen una secuencia lógica y lineal. Justamente, el trabajo de campo de este estudio no fue un proceso que respondiera a una secuencia predeterminada, ya que en este se priorizaron aspectos sensibles y de interés que resultaban al ritmo de la investigación.

Estos procesos de recolección de información en campo se desarrollaron en la medida en que los espacios fueron facilitados por los sujetos (niñas, niños, adolescentes y líderes), y que ellos contaran con el tiempo y disponibilidad para aceptar los encuentros. Aplicar la técnica de las cartografías no solo significaba responder unas preguntas tipo cuestionario, también eran espacios de juego y esparcimiento. Simultáneamente, se realizaba la revisión de prensa, la consecución de los mapas de calor, la revisión de literatura y se hacían las fotografías de los murales[1]. Dentro de la recolección de datos, uno de los procesos más extensos y de mayor demanda de tiempo fue la concertación y realización de cartografías y entrevistas, ya que no solo se necesitaba de la disposición de los líderes o de los sujetos actores de la investigación, sino que también se requería de una logística para realizar los encuentros.

La cantidad de herramientas y técnicas utilizadas en el proceso de recolección de información/trabajo de campo fue guiada también por la cantidad de información que se encontraba en cada una de las categorías del estudio, y la disponibilidad y acceso a la información. La Tabla 1 relaciona la cantidad de información recolectada en el trabajo de campo.

Tabla 1. Relación de información recolectada en campo

Observaciones	Entrevistas	Entrevistas a expertos	Mapas de calor	Revisiones de prensa	Grupos de discusión	Cartografías	Fotografías de murales
4	8	3	10	300 (2002–2016)	6	10	23

Fuente: elaboración propia.

1. La gran mayoría de los murales encontrados en el barrio se hicieron en el marco de actividades con fundaciones y organizaciones comunitarias. Algunos fueron hechos por el grupo Impacto Juvenil, específicamente por Jhonny, un joven del barrio, y participamos como observadores en el mural del megacolegio. De igual manera, se llevó a cabo otra actividad de grafiti organizada por la Asociación Cristiana de Jóvenes (ACJ).

Paso 4

3.1.4 Sistematización y análisis de información

La información se sistematizó a través de las categorías de trabajo, allí se ubicó la información recogida por medio de las diferentes técnicas del trabajo de campo. Todo esto posterior a la precisión teórica de las categorías de investigación, puesto que se ubicó la intención de cada técnica y la información que aportaba a las categorías teóricas, lo cual permitió, también, encontrar y ubicar relaciones entre las categorías trabajadas. De esta manera se construyó la ubicación teórica, según la información recolectada en campo (Figura 5).

Figura 5. Composición del archivo de acuerdo con las categorías

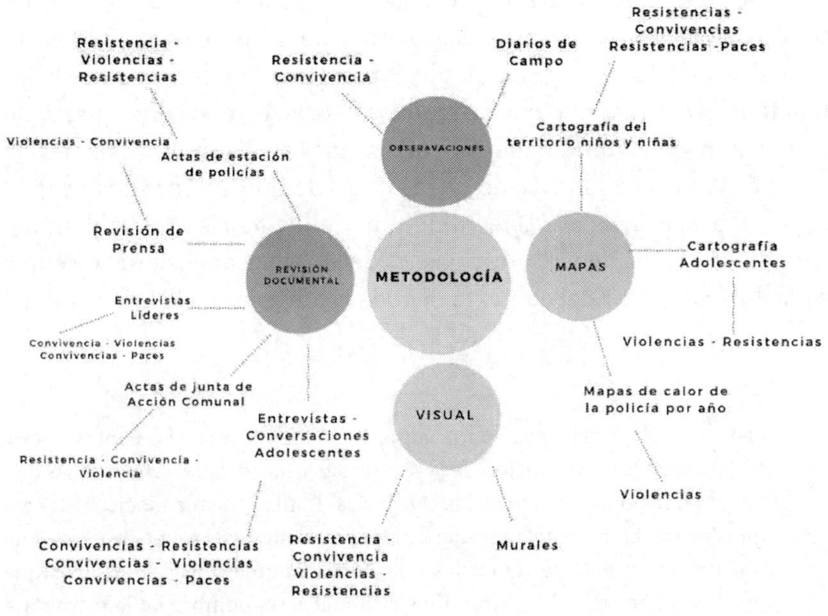

Fuente: elaboración propia.

El proceso de sistematización y análisis de la información se logró a partir de la reagrupación de la información recolectada en campo en las matrices/rejillas de análisis. Esta organización permitió la identificación y comprensión de las prácticas de resistencia–convivencia que se movilizaban en los contextos de las violencias–paces. Este proceso se registró a partir del análisis del discurso[2], y la organización de palabras se hizo de acuerdo con la intención en el discurso. También se utilizaron rejillas intencionadas con preguntas para analizar los registros fotográficos de los murales.

Por un lado, las rejillas de análisis se utilizaron para organizar la información recolectada; por otro lado, permitían cierta segmentaridad al momento de ubicar la información según las categorías. De esta manera, se ubicaban las respuestas, la intención de la técnica y aquello evidenciado de forma descriptiva. Es así como para las entrevistas abiertas semiestructuradas, los grupos de discusión, las observaciones y las notas de prensa se utilizaban rejillas desde el análisis de contenido hasta el análisis del discurso, tratando de compaginar la relación entre la intención del discurso y lo que el texto expresaba. Esto se logró a partir de la conexión de algunas palabras encontradas en las transcripciones de las entrevistas con lo revisado en las notas de prensa, cuando el sujeto expresaba una frase al respecto de uno de los temas que hablara del sentido de alguna de las categorías. Es decir que el análisis del discurso se realizaba a partir del contexto de toda la entrevista o la intención del

---

2. Para el análisis del discurso inicialmente se identificaron las expresiones y palabras en la transcripción de las entrevistas; luego, se reagruparon las que hicieran referencia a una de las categorías. También se reconocieron las expresiones o códigos del mensaje de las entrevistas o del grupo de discusión. Asimismo, se detectaron en las imágenes el número de expresiones que hacían referencia a las estructuras criminales (el nombre de la estructura criminal) en el contexto y en relación con alguna acción, el significado que tenía para cada actor, y de allí se ubicaba en la rejilla de acuerdo con el tipo de relación encontrada.

texto. Hay que resaltar la importancia del contexto de la comunicación en el cual se da el mensaje.

> ...investigar el contenido de las «comunicaciones» mediante la clasificación en «categorías» de los elementos o contenidos manifiestos de dicha comunicación o mensaje, fortalece la comprensión de los que se está estudiando. En esta metodología de análisis interesa fundamentalmente el estudio de las ideas comprendidas en los conceptos y no de las palabras con que se expresan. Estudia la comunicación o mensaje en el marco de las relaciones «emisor – receptor». (Aigneren, 2009)

En la Tabla 2, se establece la relación entre categorías y técnicas de recolección de información incluidas en las rejillas.

Tabla 2. Relación entre categorías y técnicas utilizadas

Categorías	Técnicas de recolección
resistencias–violencias	Grupo de discusión
resistencias–paces	Fotografías y cartografías
convivencias–violencias	Mapas de calor y fotografías
convivencias–paces	Entrevistas, dibujos y cartografía
violencias–resistencias	Mapas de calor
violencias–paces	Entrevistas y dibujos
paces–resistencias	Observación, entrevista, cartografía y dibujos

Fuente: elaboración propia.

A partir de relacionar las categorías con las herramientas metodológicas, se empezó a transcribir la información obtenida por medio de las técnicas de recolección. Es decir, se incluyeron las entrevistas y grupos de discusión, además, se insertaron las fotografías, cartografías y mapas de calor. Ahora bien, como se observa en la Tabla 3, por cada categoría se ubicó una técnica, de esta manera, se facilitó el proceso de sistematización y análisis.

Después de organizar la información en la matriz de sistematización se procedió a construir dos rejillas de análisis, una para consolidar la información recolectada en el barrio Las Brisas y otra para la información del barrio Tokio, lo que permitió identificar características específicas y similitudes entre los barrios. Seguidamente, se realizó una clasificación de las categorías trabajadas en el proyecto de investigación, las cuales se ubicaron cada una en una pestaña diferente del archivo de base para el análisis. En cada categoría se identificaron las técnicas de recolección desde la intención con la que se había diseñado, lo cual no quiere decir que la información contenida en una de estas no pudiera estar orientada a una categoría diferente a la inicialmente señalada. Así se organizó la información para consolidar lo que se puede decir, lo que se analizó producto de la metodología y la referencia teórica de las categorías.

Sistematización y análisis de entrevistas y grupos de discusión

Inicialmente, el proceso de sistematización de la información recolectada a través de las entrevistas requirió de un proceso de transcripción y de ubicación de cada pregunta en una rejilla de Excel, lo que permitió identificar el tipo de pregunta, el tipo de respuesta y el tipo de sujeto entrevistado. Por consiguiente, la información quedaba organizada para analizar fácilmente.

Tabla 3. Matriz de sistematización barrio Tokio

CATEGORÍA	CÓDIGO	GRUPO DE DISCUSIÓN		ANÁLISIS
RESISTENCIAS - VIOLENCIAS		ENTREVISTADOR	ENTREVISTADO	
	G-T1	Que grupos de personas llegaron a formar parte de la comunidad	Hay vienen de diferentes partes unos vienen del plumón, otros del parque industrial, otros de san Vicente alto san Vicente bajo	
		¿Siempre en tokio ha existido población afro?	Desde que se entregó si, la verdad es que si yo creo que del 100 el 70 porciento de la población somos afro	

CATEGORÍA	CÓDIGO	GRUPO DE DISCUSIÓN		ANÁLISIS
RESISTENCIAS - VIOLENCIAS		ENTREVISTADOR	ENTREVISTADO	
		Y como fue esa primera experiencia cuando comenzaron a construir el barrio, que conflictos se fueron presentando al interior como para organizarse	Al principio de la constitución del barrio, la gente choco porque veníamos con nuestras costumbres y empezamos a mostrarlas porque la verdad sin tener que exagerar la población afro es muy alegre y nosotros acostumbrábamos a hacer muchas actividades como por ejemplo el velorio de niños nuestro medio no es tristeza porque es algo que nació y es puro no tiene pecado entonces decimos nosotros se va un ángel cierto, en cambio el adulto si hay que rezarle cantarle se le hace su velorio, su novena y en el trámite de la novena tenemos nuestras costumbres que nos saludamos, si una persona se muere nosotros salimos y aportamos algo para su montura, por ejemplo si un montura vale tres millones de pesos cuatro o cinco millones de pesos, se recogen la limosna y al final los dolientes que son los parientes salen por ahí a recoger mil pesos, quinientos pesos, cuando se da mucho son cinco mil pesos eso llama fondo, un fondo es cuando se anotan a veces docientas o trecientas personas y de esa manera se comparte ese gasto de esa montoria y el niño siempre se despide con alegría cantando porque el niño no tiene pecado porque murió y se fue al cielo	
		¿Cuáles fueron las primeras problemáticas que se fueron evidenciando cuando entregaron el barrio? De pronto en temas de seguridad o de violencia	Sí, porque hubo inconvenientes, porque en todas partes donde se hacen acercamientos de plan de vivienda siempre le hacían desorden, entonces cada quien lleva sus mañas, sus cosas que tienen, en esas cosas pues no nos gusta meternos ya, en este momento usted sabe que no es un secreto porque usted ve en televisión ve en noticias y nosotros los lideres estamos en cuerda floja, entonces de eso uno ya se cuida mucho, porque entonces uno no sabe quién a veces uno está junto al enemigo y no sabe quién es, los enemigos no se consiguen uno siembra y recoge, en ese sistema yo me he ido cuidando y no me gusta estar diciendo cosas que yo no sepa, porque es un error pagar por eso	

CATEGORÍA	CÓDIGO	GRUPO DE DISCUSIÓN		ANÁLISIS
RESISTENCIAS - VIOLENCIAS		ENTREVISTADOR	ENTREVISTADO	
		Cuando tenían algún problema como de convivencia o algo, como lo solucionaban entre ustedes mismos o recurrían a la autoridad	En ese caso se arreglaba por parte de la junta de acción comunal, hay un comité que se llama convivencia y conciliación que son los que arreglan los problemas o si ya cuando ya pasaba a mayor que ya algo que no podíamos solucionar ya se iba a la policía para arreglar el problema	
		Que tan efectiva era la policía en esas situaciones de conflicto o era mejor recurrir a otro tipo de personas	Nosotros si íbamos a la ley, pero a veces uno confía más en un particular que en la ley, porque a veces son más torcidos ellos que uno, entonces siempre le queda a uno ese sinsabor con tanta cosa que uno ve y que pasa entonces hay uno tiene que atenerse a la ley, mire lo que pasa aquí en el grupo vida que ya uno no cree en ellos algunos lo que ganan y se lo ganan bien, pero la mayoría no	
		Entonces recurren a otros medios para solucionar, por ejemplo hay un caso de robo o algo así, recurren a otros medios para poder solucionar esa situación	Si por ejemplo, muchas veces si uno trata de solucionar el problema y ya, y si el problema ya es mayor como le digo uno se va a la segunda instancia que es la estación de policía que le haga detención a esa persona por convivencia en la comuna de villa santana o a la casa de la justicia	
		Ósea que es mejor la relación de la comunidad con la cada de justicia que con la policía	Si a mí me parece que, no pero también con el cuadrante por inconvenientes de pronto cuando hay mucha bulla porque la verdad es que, como le diría no hay que esconder la verdad en nuestro medio de la población más presente, la gente le gusta mucho comprar tremendo bafle que retumban las paredes, o sino sacan ese bafle afuera, pero si la gente se va acostumbrando se va adaptando, la verdad nuestras costumbres y muchos también han entrado en el proceso	

Fuente: elaboración propia.

En el proceso de análisis se tuvo en cuenta el tipo de respuesta del entrevistado y si el relato enunciado hacía referencia de manera general a alguna de las categorías desarrolladas teóricamente. De esta forma, se ubicaba en las rejillas de análisis de acuerdo con el tipo de categoría cuando ya se contaba con toda la información de las entrevistas y de los grupos de discusión. El análisis se desarrolló estableciendo relaciones entre categorías que involucraran la producción del sujeto y las categorías socioculturales. Se ubicaron cuatro relaciones que correspondían a la movilización de la práctica en el marco del sujeto.

Figura 6. Relación de categorías para el análisis

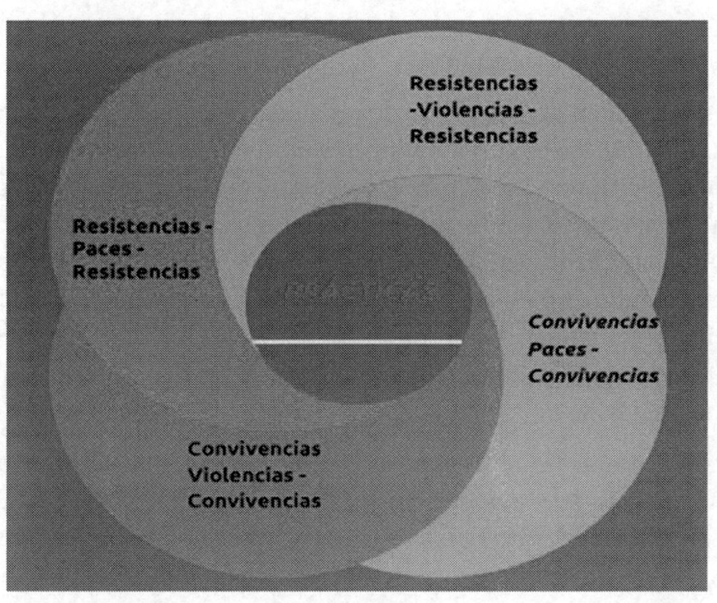

Fuente: elaboración propia.

En las relaciones entre categorías confluyen segmentos de la información brindada por los grupos de discusión, las entrevistas, las observaciones, entre otras. De esta manera, las categorías se ubicaron inicialmente de forma descriptiva. También se encontraron relaciones entre categorías con ayuda del archivo de la investigación.

Un ejemplo alrededor de lo registrado se da con relación a las prácticas de resistencias–paces–resistencias. Se identifican prácticas de organización, que en la mayoría de los casos son propuestas por adultos o líderes comunales; en otras ocasiones, estas iniciativas son manifestadas por adolescentes, donde se resalta su orientación hacia el teatro, la danza y la música. Sobresalen organizaciones reconocidas como Fundarte e Impacto Juvenil, por medio de ellos se potencian prácticas alrededor del arte. También, se resalta el trabajo de los líderes comunales en dirimir los conflictos y las actividades en el marco del Centro de Desarrollo Infantil (CDI), la iglesia y los jardines infantiles, en la realización de bazares y actividades culturales.

Asimismo, en las categorías de resistencia–violencia–resistencia, se encuentra que los líderes identifican sitios críticos en los barrios, lugares donde los niños, niñas y adolescentes no deberían transitar, reconocen prácticas de expendio de sustancia psicoactivas y cómo los vinculan. Además, identifican las prácticas para dirimir los conflictos, saben a quién acudir y no es a la policía; saben de la presencia de estructuras criminales y mandatos a dormir a las nueve de la noche a los niños y niñas, mensajes escritos en las paredes o boletas dejadas debajo de las puertas de las casas.

Para elaborar las rejillas de sistematización se identificaron, a partir del análisis del discurso, elementos que contenían aspectos de las relaciones establecidas entre las triadas mencionadas anteriormente. Pero también fueron organizadas desde dos grandes triadas que condensaron las conexiones: resistencias–convivencias–violencias y resistencias–convivencias–paces, y así se podía mostrar la conexión entre las relaciones.

Sistematización y análisis de murales, dibujos y observaciones

Como se mencionaba anteriormente, con las observaciones se realizó una aproximación a los contextos del territorio donde se llevó a cabo la investigación. Además, permitió establecer contactos e identificar situaciones o elementos importantes para el estudio. Realizar este ejercicio facilitó identificar las zonas o espacios que desde la percepción del observador eran frecuentes para el ejercicio de las prácticas de resistencia, convivencia, paz y violencia; entre estos se identificaron lugares de consumo de sustancias psicoactivas, lugares de encuentros culturales, entre otros. Por otro lado, la sistematización y análisis de los murales, dibujos y las cartografías se focalizó en precisar el tipo de prácticas constituidas por los sujetos de la investigación en el territorio. El proceso de sistematización y análisis de los murales, las observaciones y cartografías se realizaron de forma conjunta, puesto que contaban con registro fotográfico.

El proceso de sistematización se realizó inicialmente con la codificación de las fotografías obtenidas de los procesos, y luego contrastados a partir de las notas de campo obtenidas en la aplicación de las diferentes técnicas y herramientas. La codificación se hizo a partir de las iniciales del tipo de técnica o herramienta aplicada, el lugar donde se encontraba o donde se realizó y el orden en el que fue tomada la fotografía o realizada la cartografía u observación.

Figura 7. Matriz de sistematización barrio Las Brisas, dibujos y murales

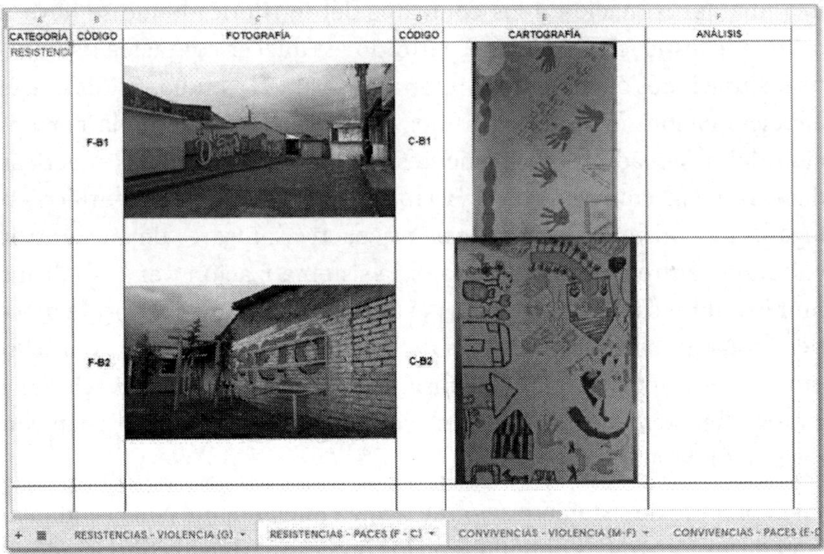

Fuente: elaboración propia.

En la matriz se organizaron los dibujos realizados por los niños, niñas y adolescentes, las fotografías de los murales que se encuentran ubicados en cada barrio, así como el material obtenido en las entrevistas y grupos focales. Inicialmente en la matriz se hacía una descripción del dibujo para aproximarse a su significado, se identificaba si tenía alguna frase, la ubicación de esta, y en el caso de los dibujos de niños y niñas más pequeños, el dibujo iba acompañado de un audio donde ellos habían expresado lo que manifestaba el dibujo. Desde esta caracterización se ubicó cada dibujo y fotografía de los murales en las categorías de análisis; allí se resaltaron expresiones y colores, para los niños cada color tiene un sentido; por ejemplo, en la imagen de la (Figura 7), el color naranja hace relación a la alegría y el verde al contexto, lo que señala la importancia del territorio o lugar.

En los dibujos hechos por los sujetos de investigación se rescata la pertenencia y el sentido que le dan a su participación en la organización Formarte, en la cual ellos practican danza. Por otro lado, en muchos de los murales se encuentran palabras alusivas a derechos, a elementos culturales y a la paz. Las manos no se interpretan como «estar unidos», sino como cada sujeto, como su impronta y lo que son en el medio donde se ubican. Allí aparece la relación entre el contexto, la vivienda, la casa, el lugar como territorio y el juego como parte de ellos en el sentir ese territorio.

Tabla 4. Matriz de sistematización y análisis

INSTRU	CATEGORÍAS			
	Resistencias - Paces - Resistencias	Resistencias - Violencias - Resistencias	Convivencias - Paces - Convivencias	Convivencias - Violencias - Convivencias
G-B1	Siempre lo que hemos tratado de organizar es primero reunir a los niños, siquiera 2 o 3 veces a la semana y educarlos como en lo que más complicación educativa tienen y a la vez infundirles mucho los valores, en cuanto al respeto hacia ellos mismos, primero el respeto hacia mi y si yo me respeto a mi misma se que puedo respetar a los demás			Había una banda llamada las águilas negras cuando recién fundamos las brisas, entonces digamos semanalmente en la mitad de las brisas se armaba una balacera al aire, entonces ese era el símbolo de que todos teníamos que salir a reunirnos, era una reunión que era dirigida y gobernada por ell

	niños entran a las 6:00 de la mañana y salen a las 11:15 y el resto de días están desocupados en la calle entonces si yo he mirado que bueno tener acá por ejemplo un grupo de teatro que les enseñe a ellos ya que ellos son tan cómicos, entonces por ejemplo yo le decía a mi hija a ella le gusta el baile la danza que rico que hubiera un espacio donde ella pudiera estudiar aprender danza y que no le cueste tanto a la mama, cierto y que la mama pueda tener la forma digamos mi hija tiene el apoyo de nosotras pero hay mamas que no la tienen , hay mamas que en estos momentos no tienen el uniforme y los zapatos para mandar al niño al colegio	Las manzanas dos, tres, la seis, la siete que es esta donde vivo y la diez, en estos momentos en la siete es un punto súper crítico, hace más o menos ocho meses hicieron un allanamiento está detenida toda la familia, la señora, los hijos, bueno son como ocho personas, pero entonces resulta que esas personas que ya están en la cárcel hay una muchacha que esta con casa con cárcel porque tiene tres niños pequeñitos que es la nuera de la señora, resulta que bueno ya este lugar se cambió porque el dueño de la casa vio que no le podía alquilar a cualquiera ahí no más entonces ya cambio la casa pero no el punto, el punto continua y no solamente ahí sino que hay cuatro casas más en esa manzana	Pues eso es muy oscuro y muy independiente y más porque por una cuadra de ahí vive el gobernador indígena, ellos mismos controlan su seguridad	parque siempre mantiene solo y los consumidores lo han tomado como sitio para ellos
		el niño explico, dijo usted coge las maticas la marihuana y usted lo mete en esa trilladora y le hace tres veces y lo destapa después vuelve y lo tapa y lo hace otras tres veces él sabe todo y		

Fuente: elaboración propia.

Ahora bien, frente a la consolidación de las matrices de análisis (Tabla 4), se quería resaltar la articulación de la información recolectada con cada una de las categorías: paces, resistencias y convivencias. A partir de diferentes fragmentos de las entrevistas, grupos de discusión, cartografías e imágenes, se construyeron las matrices con la finalidad de analizar la información e identificar sus puntos de encuentro.

En estas matrices se dividió la información por tipo de instrumento con su respectiva codificación; igualmente, se vincularon las categorías usadas y los diferentes fragmentos articulados con las categorías y se insertaron las cartografías e imágenes que dieron respuesta a las categorías de investigación.

En este sentido, se inició revisando detalladamente la información transcrita en las matrices de sistematización de información. Este ejercicio permitió identificar fragmentos de las diferentes entrevistas y grupos de discusión que daban respuesta a las categorías de investigación;

cada fragmento transcrito fue ubicado en su respectiva categoría, como lo observamos en la imagen anterior.

Posteriormente, se realizó el mismo ejercicio con las cartografías y murales, contenidos en el mismo archivo, pero en diferentes pestañas. En las cartografías se identificaron zonas específicas que pudiesen dar respuesta a las categorías de investigación; por otra parte, los murales se empezaron a clasificar en las categorías conforme a la interpretación artística de cada uno y a las preguntas realizadas por cada archivo, como se hizo con los dibujos, por ubicación, color y el texto encontrado en cada uno.

Figura 8. Matriz de análisis: cartografías, dibujos y murales

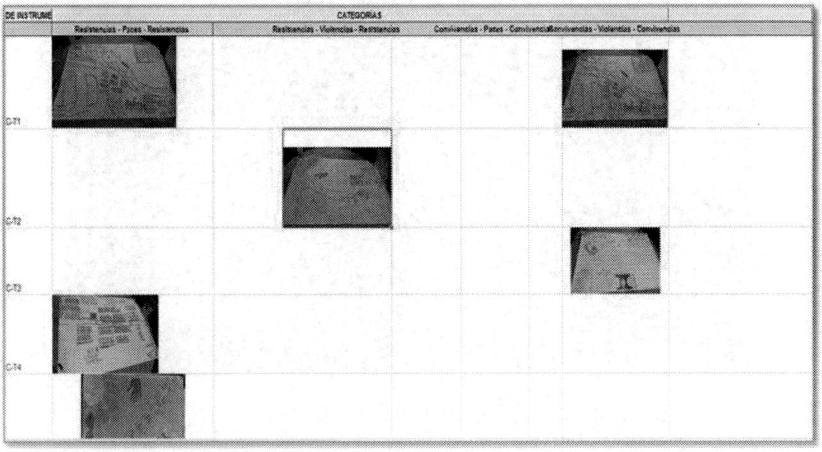

Fuente: elaboración propia

Cartografías

Con las cartografías se quería establecer si los sujetos actores de la investigación se ubicaban en el territorio habitado, cómo se reconocía, qué zonas específicas denotaban o identificaban. Esta, además de ser una acción repetitiva, se reconoce como una práctica que puede modificar la forma como se movilizan en su territorio. Estos aportes también se ubicaron en rejillas de análisis (Figura 8), inicialmente se identificó el tipo de práctica con referencia a la zona donde se ubicaban ciertas convenciones y se establecieron relaciones con las categorías. Los principales hallazgos fueron la identificación de prácticas y lugares que tienen uso restringido o utilizan la convención positivo o negativo; los negativos son aquellos donde aparece la práctica de consumo de sustancias psicoactivas, donde hay un dominio territorial. En el proceso de análisis, inicialmente se presentaron datos e información descriptiva, ya que el análisis de la imagen solo permitía describir lo que se encontraba plasmado en la cartografía.

Figura 9. Cartografía trabajo de campo ct4

Fuente: registro trabajo de campo – barrio Tokio

Como se puede observar en la Figura 9 la cancha sintética es denominada como un lugar positivo. Sin embargo, alrededor de esta, en algunas casas, se identifican lugares negativos vinculados al consumo de sustancias psicoactivas.

Para el barrio Las Brisas, la dinámica encontrada en las cartografías no varía con respecto a lo manifestado en el barrio Tokio, se evidencian también sectores en los cuales conviven acciones enmarcadas dentro de las prácticas violentas o que generan violencia con lugares donde se desarrollan prácticas cotidianas de cultura, convivencia y resistencia.

Otro de los aspectos a resaltar como resultados en la sistematización y análisis de las cartografías, es la aparición de prácticas desde el arte; algunas construidas hacia la paz, y otras constituidas por medio de la participación de los NNA en grupos juveniles y fundaciones. Estas no son las únicas presentaciones de prácticas encontradas en las cartografías, otro de los puntos relevantes en el proceso de identificación de estas en los dos barrios es la utilización del territorio, se evidencia cómo este va ligado a la construcción de la idea de paz o de espacios de socialización y convivencia. En las cartografías se establecieron correlaciones con lugares positivos, en los que está la práctica de actividades artísticas mediadas por fundaciones como Impacto Juvenil y Fundarte. Aunque estas no son las únicas organizaciones o fundaciones existentes en el territorio, sí son reconocidas como significativas en el proceso de construcción de paz y paces.

La imagen de la Figura 10 corresponden al ejercicio desarrollado con niños y niñas que participan en la fundación Fundarte, allí realizan prácticas de danzas. Representa una forma de expresar su sentir en el barrio que está relacionado con el tipo de actividades en el marco de la fundación.

Figura 10. Dibujo de niños, niñas y adolescentes, trabajo de campo cb3

Fuente: registro trabajo de campo – las brisas

En la mayoría de las cartografías realizadas por los niños y niñas de los barrios Tokio y Las Brisas hay un claro sentimiento e interés por la fundación Fundarte, la cual se ha constituido para los actores de la investigación en una manifestación relacionada con la construcción de paz y tranquilidad alrededor de las actividades que les gustan; en este caso, el juego (Figura 10). se puede observar cómo delimitan el espacio entre viviendas y las zonas por donde consideran no deben estar o no tienen la tranquilidad de transitar.

Murales

Para el archivo de los murales, como en los demás archivos, el proceso de análisis se centró en la ubicación de cada mural en las categorías organizadas por triadas, que al igual que en los dibujos se ubicaron inicialmente de acuerdo con la descripción de la imagen y las palabras o frases que los componían. Después de ubicarlos en cada categoría, se hizo la pregunta si el mural reflejaba en el sentido teórico alguna característica de la triada; se indagó si su ubicación en el territorio tenía alguna relación con hechos o prácticas de algunas de las categorías relacionadas como convivencia–violencia–convivencia, si quienes lo habían hecho estaban organizados o hacían parte de alguna organización y si la intención de la práctica estaba orientada o era iniciativa propia y finalmente se describió detalladamente si incluían colores y lo que transmitían.

En este primer momento del análisis se describió la imagen, en un segundo momento se describió la intención de la práctica del sujeto en la imagen, respondiendo a las siguientes preguntas: teniendo en cuenta la valoración de lo ético en el mural, ¿si está en el sentido de la intención de la práctica?, ¿Cómo afecta a los otros, en tanto mensaje y movilización de los sujetos (NNA)?, ¿Es una práctica colectiva o individual?, y finalmente ¿qué lugar ocupa la práctica en el sentido de las categorías del estudio? (Figura 11).

Figura 11. Preguntas con relación a la práctica

Fuente: elaboración propia.

En atención a las preguntas realizadas, la composición del archivo de los murales contiene una riqueza en cuanto a la descripción y el análisis de este estudio, puesto que permite evidenciar las diversas apuestas en las prácticas de los niños niñas y adolescentes; además, intervienen otros sujetos del territorio y organizaciones propias.

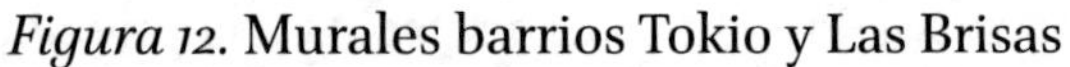
Figura 12. Murales barrios Tokio y Las Brisas

Fuente: registro imágenes barrio Tokio ig t12.

Cuando se hace la pregunta por el lugar que ocupa (Figura 12) en la práctica se encuentra la relación directa con la estética, como constituyente de parte de las acciones o actividades cotidianas y culturales de quienes viven en el territorio. Los murales constituyen una de las prácticas de los sujetos a través de los cuales expresan la intención de la práctica. Son expresiones individuales y colectivas de cómo se va transformando la realidad del territorio, movilizada por líneas y formas de ser que conviven entre la multiplicidad. Este es un ejemplo de los resultados encontrados y que luego entran a jugar en el campo de relaciones con los otros elementos del archivo.

Sistematización y análisis de notas de prensa

El proceso de organización de la información de prensa se ejecutó a partir de una matriz de sistematización, la cual tenía como objetivo ubicar cronológicamente las notas de prensa, definir su categoría y hacerles comentarios relevantes (Tabla 5).

Tabla 5. Matriz de sistematización de prensa

PROYECTO DE INVESTIGACIÓN PRÁCTICAS RESISTENCIAS - CONVIVENCIAS									
FORMATO DE REVISIÓN DE PRENSA									
TEMÁTICA CRIMEN ORGANIZADo-CO VIOLENCIA HOMICIDA-VH AMBAS CO-VH	CIUDAD DEL MEDIO	REFEERENCIA ESPACIAL DEL HECHO (Ciudad, barrio)	FORMATO RADIO-R ESCRITA-E AUDIOVISUAL-A VIRTUAL-V	NOMBRE DEL MEDIO	TÍTULO	FECHA DE PUBLICACIÓN	HECHOS O ACONTECIMIENTOS	OBSERVACIONES	ANEXO
VH	Pereira	Villasantana	V	El Diario	Asesinado en el sector de Villa Santana	7/8/2016	En la puerta de su vivienda en Villa Santana, fue asesinado de dos impactos de arma de fuego Julio César Silva Puerta, de 29 años de edad. Al parecer, el hombre tenía detención domiciliaria.	vinculo con delitoss	http://eldiario.com.co/seccion/JUDICIAL/asesinado-en-el-sector-de-villa-santana-1607.html
VH	Pereira	Villasantana, Las Brisas	V	El Diario	En Villa Santana asesinaron a taxista	4/14/2016	Pero Pablo Elías recogió a un pasajero quien le dijo que lo trasladara hasta el barrio La Brisas, ubicado en el sector de Villa Santana, pero esa persona no tenía dinero para pagar la carrera y no le informó eso al conductor, cuando el taxista se bajó a pedirle que le cancelara el recorrido, el agresor desenfundó el arma de fuego, amenazó al taxista y le disparó.	violencia, el poder en las mano	http://eldiario.com.co/seccion/JUDICIAL/en-villa-santana-asesinaron-a-taxista1604.html

VH	Pereira	Villasantana, Tokio	V	El Diario	Asesinado trabajador del transporte informal	10/22/2016	Con un impacto de plomo en la cabeza desconocidos acabaron con la vida de un hombre que fue identificado como José Braulio Cuervo Carmona de 45 años de edad quien estaba al frente del volante de su vehículo por la manzana 1 del barrio Tokio de la Comuna Villasantana.	tipo del lenguaje en la prensa	http://eldiario.com.co/seccion/JUDICIAL/asesinado-trabajador-del-transporte-informal1610.html
VH	Pereira	Villasantana, Las Brisas	V	El Diario	Atentado en Las Brisas deja ya dos víctimas	6/28/2016	El atentado criminal ocurrido en la noche del 20 de junio en la vía entre El Danubio y Las Brisas en Villasantana, dejó otra víctima. Se trata de Yeison Quintero Bermúdez de 26 años, contra quien al parecer iban dirigidas las balas, y perdió la vida la tarde de ayer en el hospital San Jorge donde estaba recluido desde la noche de los acontecimientos.		http://eldiario.com.co/seccion/JUDICIAL/atentado-en-las-brisas-deja-ya-dos-v-ctimas-1606.html
VH	Pereira	Villasantana, El Remanso	V	El Diario	Muerto y herido en El Remanso	2/19/2016	En hechos ocurridos el pasado miércoles en el barrio El Remanso de Pereira, un hombre fue asesinado y otro resultó herido; las reciente investigación apuntan a que posiblemente se trató de antiguas rencillas que tenía el hoy occiso quien ya había sufrido un atentado anteriormente.	bandas criminales en la zona	http://eldiario.com.co/seccion/JUDICIAL/muerto-y-herido-en-el-remanso1602.html

VH	Pereira	Villasantana, Monserrate	V	El Diario	Lo mataron y nadie denunció	4/26/2016	A las 7:00 de la noche una persona se acercó al CAI de Villa Santana para informar que el cuerpo de un hombre joven que había sido ultimado con arma de fuego, se encontraba tendido sobre la vía en el sector del barrio Monserrate que se conoce como La Y. El hombre fue identificado como Bryan Stewarth Cardona Martínez, de 21 años		http://eldiario.com.co/seccion/JUDICIAL/lo-mataron-y-nadie-denunci-1604.html
VH	Pereira	Villasantana, Veracruz	V	El Diario	Lo asesinaron cerca de su casa	5/7/2016	Cuando el joven Carlos Andrés Sánchez Carvajal de 19 años se disponía a regresar a su vivienda fue atacado por desconocidos quienes le propinaron un certero tiro en el pecho, situación que dejó asombrados a los vecinos ya que no se sabía que tuviese ningún tipo de problema ni amenaza.		http://eldiario.com.co/seccion/JUDICIAL/lo-asesinaron-cerca-de-su-casa-1605.html
VH	Pereira	Villasantana, Las Margaritas	V	El Diario	Lo mataron y nadie se dio cuenta del hecho	11/26/2016	A las 9:30 a . m. la comunidad del barrio Las Margaritas II escuchó varios disparos. Pasaron varios minutos pero como nadie escuchó ruido de motos o gritos de auxilio, los vecinos no sospecharon que se trataba de un crimen. Tiempo después, varias personas descubrieron que en efecto una persona había muerto y se trataba de Jhon Jairo Arenas, de 47 años de edad, quien recibió tres disparos en la cabeza.		http://eldiario.com.co/seccion/JUDICIAL/lo-mataron-y-nadie-se-dio-cuenta-del-hecho1611.html

CO	Pereira	Pereira	V	El Diario	Hermanos de sangre y de delitos	3/1/2016	Gildardo de Jesús Ruiz, alias El Patrón; cabecilla y financiador de Cordillera. Octavio de Jesús Ruiz, alias Jaleo; manejo de dinero e insumos. Carlos Andrés Trujillo Sarai, alias Pirulo; yerno y esquema de seguridad de El Patrón y de igual forma jefe de finanzas. Juan de Dios Ruiz, alias Juan Bala, integrante de la organización criminal.		http://eldiario.com.co/seccion/JUDICIAL/hermanos-de-sangre-y-de-delitos-1602.html

Fuente: elaboración propia.

Como se puede observar en la Tabla 5, la matriz cuenta con varias pestañas en las cuales están las fechas de la revisión realizada; se identifica la temática específica en la categoría de violencia a la que hace referencia; se ubica en dónde fue publicada la noticia, la referencia espacial del hecho y formato en que fue encontrado (digital o en papel), el titular, la fecha de publicación y los acontecimientos resumidos; por último, una casilla con comentarios. Esta matriz permitió revisar la expresión de cada tipo de práctica de violencia o práctica delictiva a través del tiempo, además facilitó identificar si hablaba de una estructura criminal u otro hecho y la vinculación de los NNA; también, se ubicó su movilización en el territorio, su ubicación concreta y los efectos de movilidad de los actos de violencia, para luego realizar un proceso de cotejo al respecto de las categorías principales del estudio.

En el proceso de análisis se ubicó la correspondencia de la categoría y subcategoría a la que hacía referencia; es decir, las prácticas violentas que tienen que ver con delitos como hurto, tráfico o tenencia de sustancias psicoactivas, homicidios y, una muy relevante, la presencia de grupos al margen de la ley y pandillas. De esta manera, se pudo establecer una relación entre estas prácticas violentas o delictivas con respecto al tiempo y frecuencia en la que aparecían en las noticias, también se señaló el tipo de discurso o lenguaje recurrente utilizado y la vinculación, participación o movilización de los NNA en el marco de estas prácticas.

Los principales resultados en las notas de prensa se concentraron en las prácticas violentas como homicidios, robos y desarticulación de estructuras criminales. En este caso, alrededor de la estructura criminal conocida como Cordillera se identificó una frecuencia constante en las notas de prensa en el periodo comprendido entre 2002 y 2016[3], además de ubicar el impacto de esta tanto en el contexto de los barrios Tokio y Las Brisas como en la institucionalidad del municipio. Otro de los aspectos relevantes encontrados en las noticias revisadas es que, a pesar

3. Esta revisión de prensa sirvió también para el análisis realizado en el marco de la investigación.

de la desarticulación de las estructuras criminales allí presentes, los homicidios fueron una constante durante todo el periodo revisado, lo cual señala que estas prácticas de violencia no disminuyeron hasta el 2016, aunque algunas de las noticias hicieran referencia a su disminución y mejoramiento de la seguridad en el territorio.

Por otro lado, otra de las prácticas delictivas recurrentes encontradas en las noticias son las que tienen que ver con los estupefacientes y la vinculación de NNA. Durante los dos primeros años revisados, una de las noticias que no muestra mucha frecuencia, pero que genera inquietud, es la presencia de grupos al margen de la ley, lo cual es corroborado en campo y su influencia en el territorio es precisada.

Figura 13. Relevancia y frecuencia del tipo de titular de noticia por año

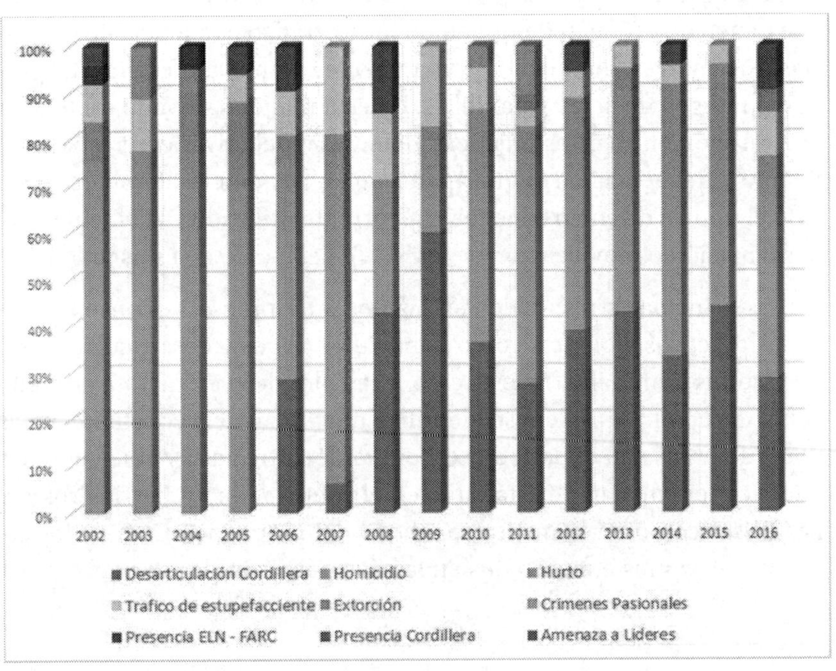

Fuente: elaboración propia.

Asimismo, aunque no resulta ser una noticia relevante respecto a la frecuencia de la noticia con relación al año, es interesante cómo se evidencia que se presentaron amenazas a líderes de la zona, a pesar de que las estructuras criminales presentes en el territorio fueron desmanteladas en el 2016.

Figura 14. Archivo de prensa, 2005

Paramilitares reclutan en Pereira y Dosquebradas

Aunque oficialmente no se ha confirmado esta situación, los organismos de inteligencia realizan las labores de investigación.

Fuente: Redacción Judicial. (2005). Paramilitares reclutan en Pereira y Dosquebradas, Diario del Otún, archivo notas de prensa.

Por otro lado, en las noticias más relevantes se hace el análisis del tipo de discurso[4], cuando se identifica el tipo de discurso se hace una relación con la memoria que expresa una práctica específica y cómo esta se va interiorizando en los actos de los niños, niñas y adolescentes, como también en sus familias y en los habitantes del territorio. Este tipo de discurso evidencia una forma de vivir el territorio y de relacionarse con él.

4. En el análisis de la revisión de prensa se tuvo en cuenta el sentido de la información encontrada en la noticia, el contexto y la forma como era manifestada.

Figura 15. Expresiones en notas de prensa 2001–2008

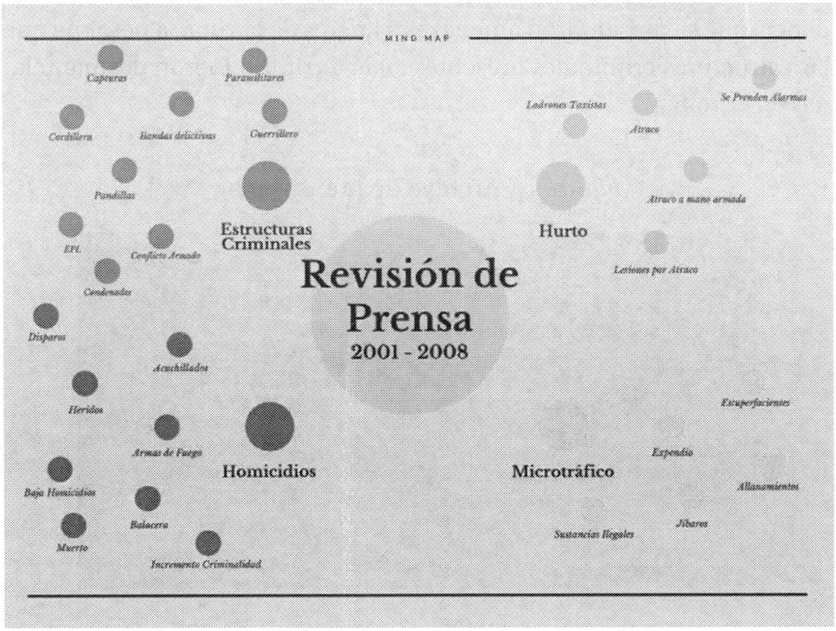

Fuente: elaboración propia.

Es importante mencionar que algunas de las prácticas de violencia identificadas en las noticias fueron evidenciadas en las entrevistas y los grupos focales, y luego se presentan en el análisis con relación al tipo de noticia, frecuencia y año.

Figura 16. Expresiones en notas de prensa 2009–2016

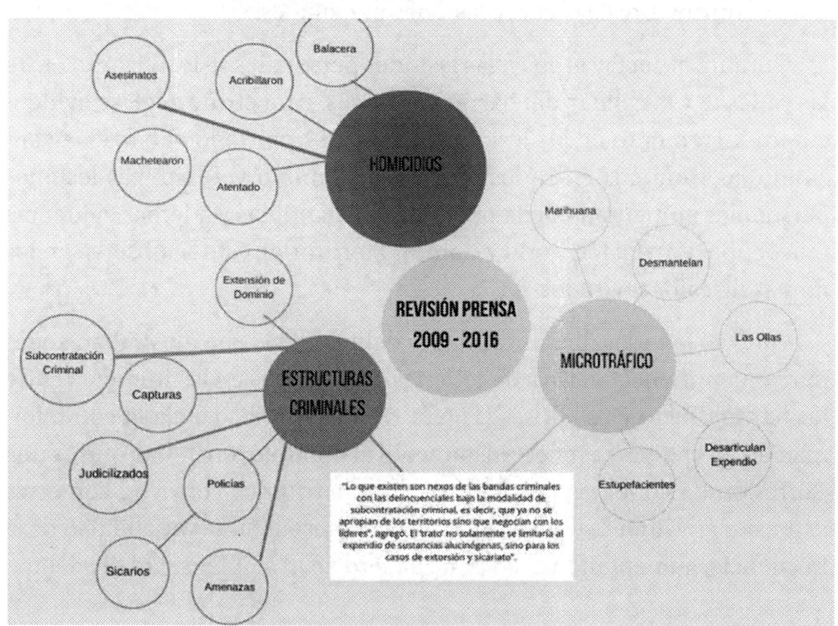

Sistematización y análisis de mapas de calor

Como se mencionó anteriormente, el objetivo de los mapas de calor se centró en identificar las zonas o sectores del territorio donde se realizaban y concentraban las prácticas delictivas; además, se identificaron lugares que se constituían como fronteras invisibles. Estos mapas fueron organizados por año, se contó con un reporte desde el 2006 hasta el 2016, la información fue suministrada por el Observatorio del Delito de la Policía Metropolitana Centro Occidente.

Lo que principalmente se evidencia en los mapas de calor, siguiendo la dinámica del territorio encontrado en las notas de prensa, son los tipos de delitos más frecuentes en la comuna y específicamente en los barrios. Esto identifica las zonas que frecuentemente son utilizadas para la realización de este tipo de prácticas y entrega una tipología de los delitos; dentro de los más frecuentes se encuentran los homicidios, los hurtos, hurtos a residencias y lesiones personales.

Durante el 2006 y el 2007, las lesiones personales se localizaron entre las calles 12 y la calle 15 del barrio Las Brisas. Para el año 2008 se evidenció un incremento de las lesiones personales por todo el barrio, alcanzando las fronteras entre los barrios el Danubio y Tokio. Las lesiones personales aumentan con la presencia de pandillas y además evidencia una ocupación del territorio y dominio territorial, esto se observa en los mapas de calor revisados.

Por otro lado, las dinámicas de los delitos en el 2009 mostraban en los mapas la presencia masiva de lesiones de personas en las fronteras entre los barrios Tokio y Las Brisas (Figura 17). Lo anterior, cotejado con información en campo, se refiere justamente al dominio territorial, que es una expresión de cómo las personas de estos territorios conviven con estas expresiones. Durante el 2010, 2011 y 2012 se presentó una variabilidad de la frecuencia, aumentando el color de acuerdo con la intensidad del delito.

Figura 17. Observación del delito

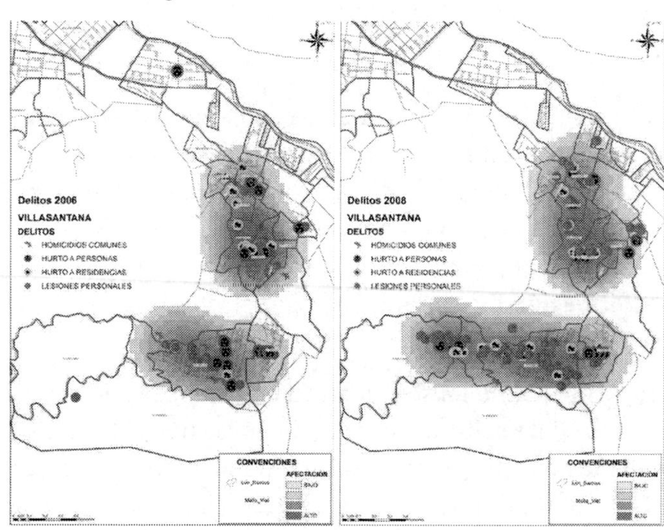

Fuente: Adaptado del Observatorio del Delito de Policía metropolitana centro occidente, 2009.

Los reportes en los mapas de calor de 2013, 2014, 2015 y 2016 presentan una dinámica muy parecida con respecto a las prácticas delictivas identificadas en los años anteriores. Estos mapas de calor permiten ubicar la intensidad del tipo de delito, su ubicación marca una zona determinada; estas zonas también fueron identificadas en las cartografías realizadas por los NNA. La intención de los mapas de calor es la de ubicar la correspondencia entre las zonas donde se identifican prácticas delictivas con aquellas zonas denominadas como positivas o negativas por los NNA y donde establecía algún vínculo con estas prácticas; de igual forma, se establece la relación con las notas de prensa y se identifica la presencia de estas prácticas y estructuras criminales en los barrios mencionados.

Figura 18. Observación del delito 2

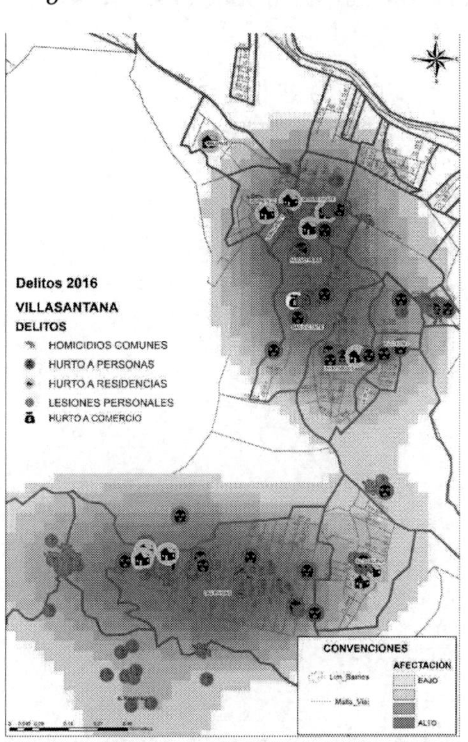

Fuente: Observatorio del Delito de la Policía Metropolitana Centro Occidente, 2016.

Algunas de las aproximaciones en campo y cotejo con las notas de prensa hace referencia a que en estos periodos hubo una desarticulación de las estructuras criminales. Desde un ejercicio descriptivo, este panorama reafirma la presencia de la violencia y de prácticas violentas que se mueven entre los campos ilegales, económicos y sociales, según Martínez (2020).

Una nueva dinámica identificada como parte de los resultados que se desarrollan en el marco del microtráfico y tiene incidencia en el dominio territorial son los prestamistas gota a gota[5], quienes, en medio del desarrollo de su actividad, se ofrecen para hacer entrega de sustancias psicoactivas o para amenazar a quienes no pagan adecuadamente sus cuotas. Por otro lado, otro tipo de práctica delictiva es el homicidio, y se establece una relación con la vinculación de los NNA.

---

5. Estas personas se dedican a hacer préstamos de dinero o favores y luego hacen cobros diarios, semanales o quincenales.

Capítulo IV

4. Hallazgos y resultados: descripción de prácticas y relaciones territoriales

Este capítulo se centra en describir los principales hallazgos a la luz de los objetivos e intención de la investigación. Se exponen las prácticas encontradas, así como también las relaciones entre estas, las categorías teóricas y las movilizaciones en las vivencias de las niñas, niños y adolescentes del territorio, los barrios Tokio y Las Brisas. Inicialmente, se encuentran las descripciones de las prácticas, ubicadas a través de triadas para así poder referir la relación que tienen entre estas, explicándolas desde varias direcciones, excluyendo la mirada bidireccional y encontrando puntos de conexión. Todas las prácticas se presentan o se hacen evidentes en el texto a través de pequeños apartados que hacen parte de relatos de las entrevistas, mapas e imágenes que hicieron parte del archivo.

4.1 Prácticas de resistencia–convivencia: una construcción de las vivencias de los niños, niñas y adolescentes en los barrios Tokio y Las Brisas

Como se mencionaba anteriormente, las prácticas de resistencia–convivencia alrededor de las vivencias de los niños, niñas y adolescentes se describen a partir de las relaciones entre las categorías, relaciones de poder que, se detallan en las prácticas de los NNA. Algunas prácticas son regulares y otras puntuales, precisas o esporádicas; metodológicamente desde dichas prácticas se establecieron las triadas, que se presentan con apuntes textuales de la información colectada en campo y comentarios sobre el hallazgo. De esta manera, se revisaron las prácticas alrededor de las resistencias–convivencias–violencias, resistencias–convivencias–resistencias, convivencias–violencias–convivencias y resistencias–paces–resistencias.

4.1.2 Relaciones entre resistencias–convivencias–violencias

En el proceso de realización de la investigación existen varios caminos porque encontramos diversas posibilidades y opciones en las relaciones que los sujetos construyen en su entorno. De esta manera, en este capítulo se identifican las prácticas de **resistencia– convivencia–violencias** de los niños, niñas y adolescentes que habitan el territorio en los barrios Tokio y Las Brisas de la comuna Villa Santana, Pereira. Es importante señalar que, para este estudio, la resistencia no es vista unidireccional o bidireccionalmente, y se ubica también, como una relación de poder, que la reconocemos como una red que se construye donde se tejen diversos sentidos de la existencia. Los niños, niñas y adolescentes ante las prácticas de las violencias se sienten en un lugar de incertidumbre, pero también en el lugar de la certidumbre, mientras que ven en estas prácticas incluidas las prácticas de paces–resistencias–convivencias, como espacios generadores del reconocimiento formativo de las vivencias que tienen en sus contextos.

En ese sentido, las prácticas demarcan acciones regularizadas y constituyen más que una acción repetitiva, una intención. Son acciones que se presentan por el hecho de vivir en un contexto concreto y se asumen desde las experiencias cotidianas; es su propia existencia la que se conjuga para que estén allí, presentes, actuando y generando una diversidad que permite que se manifieste la resistencia, a veces tímida o a veces fuerte, naturalizada[1]o a la espera de tensionar un contrapoder ya establecido.

1. El término naturalizada hace referencia a los escenarios en donde el resistir se hace cotidiano y a veces se desconoce su intención.

En el proceso de nuestro trabajo no podemos decir que en los barrios Tokio y Las Brisas existe una sola resistencia, son tantas como las dinámicas, prácticas y acciones. Son formas de actuar que se asemejan a bucles que expresan la red tejida entre tensiones, contradicciones y acciones diversas. Las prácticas, como experiencias y vivencias, influyen directamente a cada sujeto (NNA), lo cual avanza y afecta rápidamente el contexto de sus procesos de formación.

Las resistencias van más allá de la construcción de una conducta contrahegemónica de las condiciones de poder/control específicas. También están distribuidas de manera irregular: los puntos, los nudos, los focos de resistencia se moldean y organizan en niveles particulares produciendo un efecto que hace que estén diseminados en niveles diferentes de densidad en el tiempo y en el espacio; «llevando a lo alto a veces grupos o individuos de manera definitiva, encendiendo algunos puntos del cuerpo, ciertos momentos de la vida, determinados tipos de comportamiento» (Foucault, 2007, p. 117). Comportamientos que dejan ver a través de la práctica procesos adquiridos en los sujetos que movilizan su posición y su conducta en el espacio/territorio social en el que se encuentran.

Las prácticas de resistencia son bastante subjetivas y de diversas formas, unas se encuentran naturalizadas en la violencia, otras emergen en relación con la construcción de paz y paces y otras permiten la convivencia. Estas se desenvuelven y manifiestan a través de acciones regulares; para el estudio se identificaron de acuerdo con las relaciones establecidas entre ellas y se presentan en este capítulo.

Describir estas prácticas de resistencia visibiliza lo que se hace cotidianamente, lo que se construye a través de rituales interiorizados por los sujetos, que constantemente se encuentran posibilitando y desestabilizando conductas y acciones violentas, pacíficas, equilibradas o desesperadas. Al respecto, Foucault manifiesta:

> Pero más frecuentemente nos enfrentamos a puntos de resistencia móviles y transitorios, que introducen en una sociedad líneas divisorias que se des-

> plazan rompiendo unidades y suscitando reagrupamientos, abriendo surcos en el interior de los propios individuos, cortándolos en trozos y remodelándolos, trazando en ellos, en su cuerpo y su alma regiones irreductibles. (Foucault, 2007, p. 118).

Estas prácticas de resistencias movilizan cuerpos, mentes, conductas, vidas colectivas e individuales. Concretando, en los barrios Tokio y Las Brisas se encuentran multiplicidad de resistencias que apuntan a acciones colectivas violentas y acciones individuales violentas entre los sujetos.

Cuando se identifican prácticas de resistencia a la violencia se reconoce cómo es la vinculación de los NNA a los grupos delictivos o al margen de la ley. Estos grupos actúan bajo la posibilidad de encontrar espacios de expresión en su forma de ser sujetos y vivir su territorio. Entonces, permanentemente emergen evidencias de resistencias que nacen como sujetos que ejercen control y tensión con respecto a la relación con el Estado.

Las condiciones contextuales de las prácticas de resistencia muestran como los NNA hacen parte de resistencias a las diversas violencias inmersas en los escenarios privados, como por ejemplo la violencia intrafamiliar, de padres a hijos, entre hermanos, de pareja y la violencia de los hijos hacia los padres. Estas prácticas tienen que ver con las formas en que se presentan cotidianamente las relaciones de poder y las tensiones que se producen hacia el otro, quien está siendo vulnerado o quien quiere ejercer poder sobre el otro. No hay dominio de las emociones y se responde a través de este tipo de acciones, que de cierta manera resisten a una práctica violenta que ha hecho presencia en él, o como una presentación de la ira que se despliega al no poder transformar lo que lo rodea. La imposibilidad de manejar sus emociones configura también una forma particular del sujeto que se constituye cotidianamente en el territorio.

Cuando se habla de las prácticas de resistencia se piensa en la diversidad de estas y de cómo se presentan en el territorio, visibilizando una constitución del sujeto en el contexto en el que actúa y se moviliza. La identificación y descripción de las prácticas se relaciona con respecto a su constitución; de esta manera la relación **resistencia–convivencias–violencias** es un tipo de intención de la pluralidad que produce su comprensión e impacto en los contextos. A diferencia de lo que regularmente se piensa, no se revela esencialmente quiénes tienen el control, ya sea territorial, político o económico; aparecen nuevas figuras y fuerzas que con el tiempo se van legitimando[2].

Se pueden encontrar varios matices en la constitución de los sujetos presentes en el territorio. Es importante reconocer cómo se manifiestan dentro de las posibilidades de vincularse a las prácticas; en la fuerza que toma la violencia vivida, como aquello que genera temor, pero también, como posibilidad para obtener un estilo de vida. Esos matices en la identificación de las prácticas de permean otras relaciones alrededor de la **resistencia–violencia–resistencia** es una fuerza materializada, una tensión donde los sujetos proyectan muchos de sus deseos en un territorio que, a pesar de ser vivido, no brinda las opciones que desean. La violencia en la comuna Villa Santana ofrece posibilidades económicas que solventan asuntos de primera necesidad, pero también emergen otros intereses que se identifican con relaciones de poder; plasmados, por ejemplo, en el control sobre el territorio, como elemento productor de control sobre el cuerpo, las relaciones entre amigos, familiares, de pareja, etc.

---

2. Estas figuras o fuerzas son los grupos organizados al margen de la ley, estructuras criminales, pandillas, etc. Estas presentaciones contienen relaciones de poder que circulan entre el control, la dominación del otro y la posibilidad de tensionar la forma de poder legitimado.

Figura 19. Prácticas de resistencia–violencia–resistencia

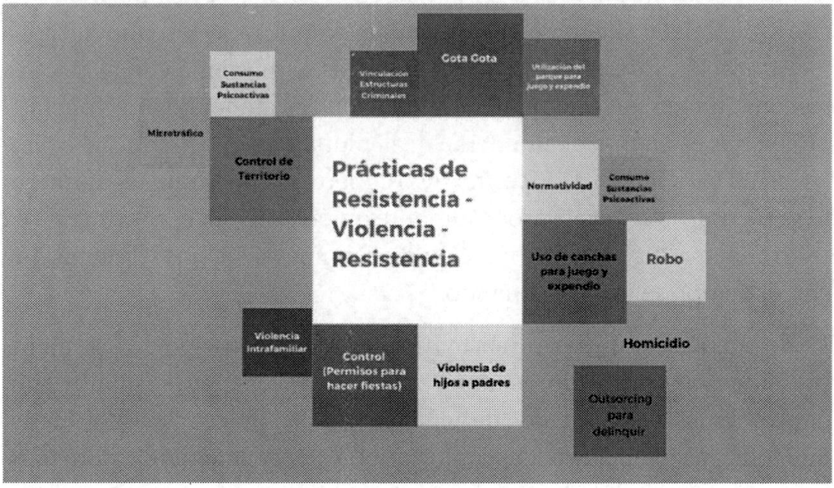

Fuente: elaboración propia.

A continuación, un fragmento de una entrevista hecha a un líder comunitario de Las Brisas: «En este momento digamos que tenemos como algo muy maluco, que es la violencia intrafamiliar de los hijos a los padres» EB1[3].

Muchas de las prácticas de violencia o prácticas violentas término ampliado por Luis Adolfo Martínez quien manifiesta:

> que la constitución de la práctica social violenta, es el resultado de la doble estructuración del universo social expresada, por una parte, en la existencia del subcampo de la economía ilegal, como manifestación objetiva e institucional de lógicas históricas que socializan propensiones para la acción, mediadas por el uso de la violencia. Por otro lado, se reconoce la existencia de unas estructuras sociales incorporadas, afirmación que señala la existencia de un conjunto de disposiciones a la informalidad y la ilegalidad, configura-

3. Testimonios de entrevista a un líder comunitario. Trabajo de campo en el barrio las Brisas.

> das a lo largo de la historia del departamento y que generan principios valorativos y lógicas de resolución violenta de la conflictividad social. (Martínez, 2017).

Estas que son recurrentes en los ámbitos económicos, políticos, sociales y culturales se presentan en estos barrios. Sin embargo, la connotación y la dinámica de estas prácticas evidencian cómo se van transformando, aparecen de diversas formas, en algunos casos no tan visibles, ocultas en la esfera privada. No obstante, el movimiento social hipersensible y visual actual ante este tipo de violencias hace que hoy sean bastante visibles, salen a la luz, dejan el ámbito privado de las familias y pasan a la esfera pública donde se reflejan en el contexto social. Entre estas, la violencia de los hijos hacia los padres es una práctica particular y constante en el territorio.

Esta práctica no es la única acción de resistencia, también se identifican prácticas que tensionan relaciones con el poder, pero que, sin embargo, siguen materializando la relación de poder y control. Es decir, se escapa de una forma no legitimada de poder–control para buscar esa misma relación en otra relación que ofrece la satisfacción o el reconocimiento.

Durante el proceso de investigación se hicieron visibles diferentes expresiones que muestran cómo la relación violencias–resistencias está presente todo el tiempo. Por ejemplo, uno de los entrevistados nos dice que:

> Había una banda llamada las Águilas Negras cuando recién fundamos Las Brisas. Entonces, digamos semanalmente, en la mitad de Las Brisas se armaba una balacera al aire. Entonces, ese era el símbolo de que todos teníamos que salir a reunirnos. Era una reunión que era dirigida y gobernada por ellos. Ellos distorsionaban la voz, iban encapuchados, vestidos de negro todos y todo el tiempo nos hablaban y nos decían que si los niños y las niñas a las 9 de la noche no estaban adentro era porque se querían morir y entonces eso era una amenaza todo el tiempo. eb1.

Por medio de sus propias prácticas de violencias, las estructuras de poder legitiman resistencias, niveles de aprobación de las prácticas delictivas; es decir, las prácticas de violencia se cohesionan o se reproducen a través de relaciones de poder/control, que al ocurrir hacen que aparezcan otras prácticas con la misma intención desde otra estructura, pero que actúan con la intención de la fuerza de las acciones delictivas.

La administración geográfica del territorio y la organización de este, durante muchos años hace parte de los intereses de grupos que dominan la zona. Como lo menciona la cita de la entrevista, era una constitución diferente del espacio, social y político, no solo en tiempo/espacio. En los últimos años han aparecido otros grupos al margen de la ley que se disputan el control territorial de la mano del control del microtráfico. Se habla de la presencia de grupos como Los Rastrojos y Cordillera, la Fiscalía manifiesta que estos grupos habían sido desarticulados desde el año 2010; no obstante, en campo se siguen presentando manifestaciones de promover que se diriman los conflictos entre barrios y se encuentra que estos grupos actúan en los conflictos menores.

«Entonces ahí se agarraba mi amiguito con una travesti, entonces yo mande a traer una muchacha que manda acá en Las Brisas, es de la Cordillera...» GR1[4]. En este comentario del grupo de discusión se describe esta práctica. Se reconoce la relación que se establece entre estos grupos y la forma legitimada de controlar el territorio; el sentirse protegido, el sentirse seguro y el encontrar quién pueda establecer el orden. Esta práctica legitima un orden que no es el legal, no es regulado y normado, pero responde a la misma dinámica de regular, controlar y establecer orden desde otra estructura.

> Los sujetos se constituyen mediante normas que, en su reiteración, producen y cambian los términos mediante los cuales se reconocen. Estas condiciones normativas para la producción del sujeto generan una ontología históricamente contingente, tal que nuestra misma capacidad de discernir y

4. Grupo de discusión n.º 1 con niños, niñas y adolescentes del barrio Las Brisas.

de nombrar el «ser» del sujeto depende de unas normas que facilitan dicho reconocimiento. (Butler, 2010, p. 17).

Dichas normas se reproducen y producen esos sujetos, los niños, niñas y adolescentes en el territorio. Cuando la norma se constituye alrededor del control que establece la estructura criminal, como Cordillera, empieza a ser reconocida como tal.

Son muchas las acciones recurrentes que se evidencian en el territorio, como las prácticas sociales violentas, donde los NNA son parte activa. Si se observa la revisión de prensa, estas prácticas violentas y delictivas son: consumo de sustancias psicoactivas, microtráfico y gota a gota. También se encuentran prácticas que se ubican tanto como práctica violenta o como práctica de convivencia. En la utilización del territorio se identifica el uso de espacios como los parques, se especifican las horas para su utilización, quiénes lo utilizan en horas de la mañana y quiénes en las horas de la noche. De igual forma para la venta y consumo de sustancias psicoactivas hay una normatividad establecida regulada, que es apropiada sin necesidad de ser notificada.

Figura 20. Periódico El Diario 2007

Menor le disparó a otro en la cara

Con un impacto a la altura de la cara ingresó al Hospital San Jorge de Pereira un menor de 12 años de edad, quien al parecer jugando con un arma de fuego lo lesionó otro menor, de 13 años, quien le disparó en un confuso hecho

Niño apuñalado en delicado estado

SE ESCAPÓ

Fuente: prensa local El Diario

Por medio de la revisión de prensa (Figura 20), se manifestó la diversidad de relaciones alrededor de prácticas de violencia entre las personas que habitan estos territorios; en estas se identifica que se tiende a contrarrestar situaciones de control, y en otros casos de violación de derechos por parte del Estado, por lo que aparecen grupos armados al margen de la ley y otras organizaciones con intereses particulares.

La resistencia evidencia ejercicios y prácticas enmarcados en procesos históricos, ya sea desde formas violentas o no violentas, ejercidas de manera colectiva o individual, donde intervienen territorios, como naciones, ciudades, barrios, familias, entre otros. La teorización al respecto de la resistencia presenta diferentes posturas y variantes, unas filosóficas, jurídicas, sociales, éticas, etc. Sin embargo, en la configuración de las prácticas de resistencia en la comunidad, se identifican prácticas de maltrato, estas como una idea de resistencia no articulada a una decisión ético-política, sino orientada al no saber responder a una emoción y al presenciar actos de abuso y maltrato que perpetuán formas de violencia individual y colectiva. Son situaciones que generan reacciones, a partir de lo que siente y moviliza el sujeto, pero no hacia la conducta esperada, sino hacia las formas que permitan escapar.

Se trata de salirse de una forma de control en donde todo el tiempo se asume desde afuera del sujeto qué es lo bueno y qué es lo malo, y en donde no puede manifestarse porque debe tomar postura al respecto de un hecho o situación. Y así como se toma postura, se desencadena una acción y la continuidad de esa acción se convierte en una práctica, que afecta a todo el entorno, también es resistir a una forma que no permite ser. Esto no significa que es aceptable una conducta o práctica de violencia como forma de resistencia a una estructura o control que no se quiere aceptar, pero es reconocer que, en el marco de la resistencia, la violencia aparece como una forma de resistir, que no constituye un ejercicio ético o moralmente bien visto, pero que es evidente que se presenta como práctica cotidiana en la forma como los sujetos de este territorio se están constituyendo, viviendo y sintiendo la realidad.

Por otro lado, la participación en las estructuras criminales como un camino a desestabilizar la acción del control, que ha sido denominado entre lo bueno y lo malo, lleva en su condición de expresiones sociales una forma de pensar la vida y la sociedad. Allí, el sujeto desde su cotidianidad se constituye y se vincula a esas prácticas reguladoras de resistencia para hacer tensión a unas relaciones de poder. Dichas prácticas son ejecutadas a través de espacios y escenarios diferentes, muchas veces son los contextos de violencia, robo, microtráfico, consumo y homicidio. Es importante aclarar que con esto no se justifica la conducta de quien comete este tipo de actos o de quien hace repetitiva esa práctica; pero, en este campo de relaciones en medio del dispositivo histórico, se genera una imagen equivocada de quiénes son estos sujetos a partir de los actos por los que han sido señalados.

Figura 21. Práctica–resistencia–control

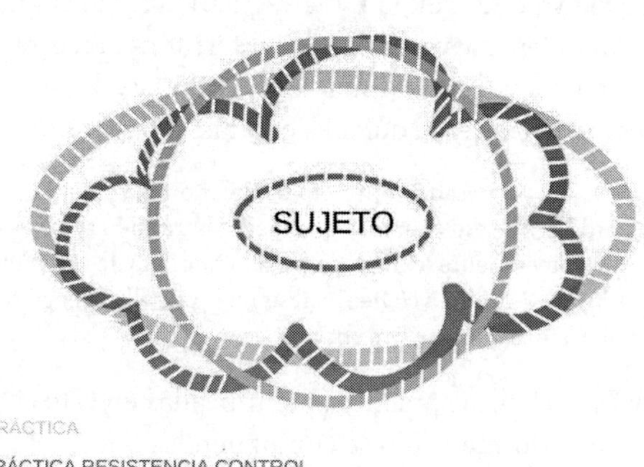

Fuente: elaboración propia

Por otro lado, las prácticas se encuentran como el gran marco donde se contienen prácticas de resistencia a la violencia, prácticas de resistencias al control y prácticas violentas que identifican la vulnerabilidad de las personas que viven el territorio y las dinámicas internas donde interviene los sujetos. Los NNA participan en muchas de las prácticas descritas, pero también se vinculan como víctimas y en otros casos son incitados a la reproducción de estas, también como productores de violencias. Lo anterior se manifiesta en las experiencias de los NNA:

> El niño explicó: Usted coge las maticas, la marihuana y usted lo mete en esa trilladora y le hace tres veces y lo destapa. Después vuelve y lo tapa y le hace otras tres veces. Él sabe todo, y usted después coge un papelito como el de las chocolatinas y usted lo abre. Entonces, cuando usted ve que ya está bien la marihuana, entonces, usted se lo hecha ahí y si usted le va a echar polvito y después usted lo coge y lo va enrollando, así como un cigarrillo, después coge y le hace así con la lengua. Le dice el papá: ¿Y a usted quien le enseñó todo eso? El que lo hace en el andén, él nos enseñó. gb1.

Las prácticas de violencia que se manifiestan de forma cotidiana se convierten en un aprendizaje para los NNA en el territorio de Las Brisas y Tokio, desde su cotidianidad y la regularidad de las prácticas de las personas con quienes viven y sienten el territorio. En otras palabras, en el barrio se encuentra una forma de constituirse, de prensarse y ver la realidad, como lo expresan quienes habitan el territorio:

> Otra cosa, el año pasado, a principios de año, un señor ya tenía una niña y pues Cordillera se dio cuenta, y a la media hora ya lo tenían por allá amarrado, y pues obviamente le advirtieron a la familia y les tocó pues irse de una porque los de Cordillera cogieron al señor, y por allá lo cogieron y también lo violaron y lo desaparecieron. gb2[5].

Las dinámicas de las prácticas identificadas en estos barrios permiten reconocer la forma como se componen las relaciones de poder. En estas relaciones, se identifica una tensión que se produce con respecto al control o dominio territorial y con relación a otras formas de control legales[6] que, aunque no son legítimas para todos, evidencian una búsqueda por legitimar una idea de poder, que controla e imparte orden.

---

5. Grupo de discusión con niños, niñas y adolescentes de los barrios Tokio y Las Brisas.
6. Una de estas es la Policía metropolitana centro occidente.

Esta práctica de control territorial identificada y relacionada con el tráfico y microtráfico de sustancias psicoactivas no es nueva. Según información de líderes en los dos barrios estás han sigo regulares, con presencia puntual en algunos espacios temporales en los barrios, este tipo de prácticas evidencian una forma de presentar el control del territorio, de comunicarlo y de vivirlo. Enuncia la violencia como práctica a través de la cual se legitima este tipo de acciones, pero que además involucra a los NNA como una estrategia para movilizar a la comunidad.

> Nos enviaban cartas por debajo de la puerta todo el tiempo o escribían mensajes en las paredes: «Hoy a las 9 de la noche los niños que no se acuesten, los acostamos nosotros», y cuando menos pensábamos 10 u 11 de la noche se escuchaba una balacera y después de que pasaba toda la balacera alguien salía anunciando lo que acababa de pasar. Podían coger 4 o 5 niños porque no importaba el sexo ni la edad ni nada, simplemente los acostaban en un andén y los ajusticiaban ahí. Estábamos en un estilo que he visto en México, pero eso nos tocó vivirlo, nos tocó sentirlo, tenemos muchas familias de nuestro barrio que se han retirado, que se han ido debido a que han tenido que enterrar a sus hijos o a sus hijas por esa circunstancia. gb2.

En estos casos se manifiesta el poder y control en un territorio deslegitimado por un Estado ausente, donde se permite la práctica de la violencia como una forma de vida, que estigmatiza a las personas que habitan el territorio, pero además da pie a la proliferación de una forma de vida; se vive en medio de la violencia, se acepta la forma como esta es manifestada, las prácticas de la zona se reproducen alrededor de la violencia, se convive con la violencia, se norma a partir de esta; esto es, la violencia indica la forma de ser en el territorio.

Desde la identificación de estas prácticas sean en relación con **resistencia–violencia–resistencia** en el marco **de las resistencias -convivencias- violencias** se tensionan varias formas de vivir una violencia que legitima fuerzas de control externas a las expuestas por el Estado. Se manifiesta el control sobre el territorio a partir de la reproducción de prácticas violentas que vinculan a los NNA como estrategia de miedo y opción para tener un mejor estatus en el territorio, para ser absorbido por esa cotidianidad o para ser excluido de la misma; esas prácticas también manifiestan otras formas de resistir.

En las prácticas de convivencias converge la forma como se relacionan los sujetos NNA en el territorio, esto se identifica en la triada **resistencia–convivencias–violencias** que contiene la relación de convivencias–violencias. Allí se evidencia cómo se normaliza la presencia de la violencia y se aceptan las dinámicas y normas establecidas por las estructuras criminales allí presentes; además, de cómo vinculan a los NNA como parte activa de las dinámicas de la violencia. Al respecto los NNA expresan:

> Bueno, mire, que hay un grupo que sí es bueno, la Cordillera, y resulta que si otra persona se mete lo matan, no dejan hacer más fiestas, o sea siempre se le tiene que pedir permiso a ellos para hacer algo acá. gb2

Se encuentra una relación de varias vías, las prácticas realizadas por grupos y estructuras criminales que se disputan el control por el territorio, en una relación de poder que vincula el microtráfico con aquellas prácticas con las cuales conviven los NNA. Así se habitúan y normalizan su territorio, se legitima una práctica vinculante, como el consumo, el robo, etc., y los demás usos que le dan al territorio para convivir sin alteraciones significativas a las acciones propuestas por estas estructuras. Los NNA reconocen las manifestaciones simbólicas y las connotaciones de control establecidas en el territorio y las vincula como una práctica normalizada; es claro que no sucede con todos los NNA, las resistencias transitan y movilizan diversas posibilidades, pero en la relación **convivencia–violencia–convivencia** se precisa una naturalización de la práctica violenta.

> Sí, le tengo que pedir permiso a la Cordillera, y otra cosa es solo para fiestas y ese tipo de cosas. Y cuando dan permiso para las fiestas, ellos tienen que vender drogas allá, o sea que van los muchachos y consumen drogas por que se van a meter allá a vender drogas, ¿me entiende? Y otra cosa, ponen a vender droga a los menores de edad. gb2[7].

---

7. Grupo de discusión NNA, barrio las Brisas.

La legitimidad de las estructuras criminales responde al control territorial y al descontento por la forma como es manifestado el control estatal, donde nunca es escuchado el sentir específico del territorio. En estas prácticas, los NNA y demás habitantes conviven con la forma como es disputado el territorio, en términos de la presencia de la estructura criminal y la normalización de sus acciones. A continuación, las palabras de un líder comunitario de Las Brisas:

> Además, ahí hubo como algo, que fue aquí no puede pasar nada malo porque nosotros vamos a proteger, fue el hecho como de ellos de empezar en el barrio. Entonces, alguien ya hacía un robo, entonces ya no era la autoridad, sino que uno iba donde este grupo y decía: «Es que fulano hizo un robo en mi casa». Entonces, ese grupo se encargaba de ir, hacer que la persona pagara lo que se robó o lo devolviera. Es como eso. Se terminó un grupo y entró uno nuevo a generar como la venta de estupefacientes, pero a la vez, control y cuidado. eb1[8].

Adicionalmente se identifica que es una práctica violenta que está directamente ligada a la venta y consumo de estupefacientes o drogas. La práctica aparece como una forma de control sobre el territorio, además de poder realizar operaciones y acciones en el centro de la ciudad u otros sectores donde vinculan a los NNA para desarrollarlas.

Por otro lado, se identifican otro tipo de prácticas, una forma diferente y que se apropia del arte y la organización comunitaria. Es otra forma de resistir a la violencia y de incorporar la paz/paces, pero una paz vista desde el sentir de los NNA y de quienes viven el territorio.

Las prácticas de **convivencia–violencia–convivencia** manifiestan relaciones entre acciones que denotan tensión con los robos, homicidios, venta de sustancias psicoactivas, entre otras; pero también una relación de convivencia, donde el uso de espacios territoriales es compartido y donde los NNA reconocen lugares y horarios en los que se puede habitar, que también los hacen propios en el lenguaje y en las dinámicas

8. Entrevista a líder comunitario, barrio Las Brisas.

cotidianas. De esta manera, hay prácticas que tensiona la violencia, se aceptan, se apropian y en las que los NNA participan. Esa relación de convivencia también es una relación de tensión entre las formas en que aparece la práctica de violencia, no solo el robo o la violencia de género, es como se legitima y se acepta que hay quienes tienen en control/poder y entran a mediar entre ellos, o como se acepta la violencia de hijos a padres tensionando el rol de autoridad y que alguna manera, para algunos está bien porque no se dice nada al respecto.

4.1.2 Resistencias–convivencias- paces– resistencias: vivencias sentidas y movilizadas por los NNA

Cuando se habla de identificar o describir las prácticas de **resistencias – convivencias – paces** se ubican también las relaciones que se dan en las prácticas de **resistencias–paces** en el territorio sentido y vivido por los NNA, aparece la tensión, las líneas de fuerza y la intensidad de la cotidianidad con el trasfondo de tensionar o poder cambiar una dinámica particular. Las prácticas de **resistencias–paces–resistencias** encontradas en estos barrios apuntan a la constitución de un sujeto político que decide sobre la posición como se ubica en su realidad; además con la intención de movilizar al otro desde actos regulares que resisten a dinámicas violentas materializadas en su contexto.

Cuando se habla de las prácticas de resistencias–paces–resistencias en estos barrios, aparece una relación con la danza, aunque no es la única es significativa. Es una forma de vivir que sale a la luz, una posibilidad sentida de ser quien se quiere ser y de transformar la realidad en la cual se ven involucrados. Allí el cuerpo se vuelve música y la música es expresión de transformación que permite tomar decisiones, esta práctica se desarrolla no solo con la participación de grupos de danza que se constituyen en el territorio, sino que se evidencia la participación de grupos fuera de estos barrios.

Dentro de las relaciones dadas entre los sujetos, las instituciones y las estructuras presentes en el territorio se piensan y sienten distintas formas de vivir, formas únicas y diversas; se reexiste, se vive y se moviliza. Los sujetos lo hacen constante o temporalmente, pero siempre permanece la iniciativa del barrio. A continuación, la opinión de un NNA de Las Brisas:

> Porque realmente la danza, o sea, decir que la danza entre el barrio es la única vida, pues es algo muy egoísta, porque hay muchas más formas de construir paces, pero en cuanto a la corporalidad vendría siendo la fundación. Los otros grupos que se reúnen no tiene como una disciplina, unos principios, una visión, unos fundamentos que yo considero que es lo que hay que rescatar. e–b2[9].

Así, la danza aparece como una acción recurrente en la cual se vinculan los NNA. Unos, motivados por intereses particulares, el gusto y el deseo de potenciarse; otros, por la curiosidad de saber qué se está construyendo. Aquí es donde aparecen formas de organización como parte de las prácticas de **resistencias–paces–resistencias**, se constituye una producción cultural y estética de estos chicos; a través de la danza encuentran otras formas de ser en el territorio, como lo expresan los NNA:

> Danzar es algo pues que no le pasa a casi nadie, cuando digamos yo le ayudo mucho a mi mamá en mi casa y le ayudo con mi hermana, y pues en el negocio y todo, yo a ella le ayudó en todo. Yo siento paz interior porque sé que ella se va a sentir bien, va a estar bien y no vamos a pelear por nada, entonces eso me ayuda, pues no sé... definir qué tipo de persona y saber qué es paz interior y paz interna. La paz interior también es sentir tranquilidad que es lo que pasa al interior suyo y que pasa, y paz en una comunidad es no tener algún tipo de conflicto, porque no tiene que ser guerra, no tiene que haber una discusión con las personas; o sea, la cosa sería arreglar las cosas y poder hacer algo juntos. O sea, la paz no es saber si hay diferencia, sino que la paz es saber que la solucionamos. gb2.

---

9. Entrevista a los NNA que hace parte de una fundación artística del barrio Las Brisas.

Se establece una relación y asociación de la danza de la paz/paces con la forma como se sienten como sujetos. Como una forma de gestionar conflictos y situaciones vividas en el territorio, en su cotidianidad y en sus casas, se manifiesta una forma de resistir y de reexistir a través de la expresión del cuerpo, materializada en la danza. Como una particularidad propia del territorio, allí se fortalece la organización comunitaria con el grupo Fundarte, creado por un joven del barrio y donde se orientan clases de baile. Justamente la forma como los NNA conciben la idea de paz, ligada a la tranquilidad, el amor y la solidaridad se potencializa en la organización comunitaria y se expresa a través de esta.

> Aquí tenemos una fundación muy bonita, se llama Fundarte. Es una fundación de danzas, sino que ellas son más pinchadas y no quieren acá, ellas quieren en otro lugar, pero esta escuelita manejada por Guillermo queda en la otra esquinita, son jóvenes que se han salvado de las drogas. gb1

En este contexto territorial, la fundación Fundarte motivó una acción individual y colectiva que posibilita que los NNA emancipen el cómo se puede vivir en un territorio donde la violencia también hace parte de la realidad.

Otras de las prácticas de **resistencias–paces–resistencias** identificadas en el territorio de Tokio y Las Brisas se encuentra en los murales. Nuevamente, el arte juega un papel importante alrededor de la cotidianidad de los NNA y los jóvenes. Estas prácticas artísticas hacen evidente la expresión del sujeto, una expresión estética que, moviliza e interviene a su alrededor, ya sea al visitante, al transeúnte, al que presta un servicio y a la comunidad en sí. Esta práctica, a través del dibujo, manifiesta el sentir y el pensar de los NNA y jóvenes con respecto a su barrio y a sus vivencias. En estos murales escriben una historia que describe la realidad de un territorio.

Figura 22. Barrio Las Brisas

De esta forma, se expresa la historia y los vínculos culturales que se tejen entre los sujetos. Lo que significa una acción colectiva donde no solo intervienen los NNA, sino también adultos con la intención de expresar su sentir y lo que significa en su contexto la fuerza, la unión, lo posible, lo que nace, pero, además, que tensiona lo existente. Es una expresión que demuestra cómo también se habita el territorio desde la mente, desde el pensar, desde la casa y que pareciera que solo involucrara a los NNA y jóvenes que participan en las actividades al pintar el mural, pero que en realidad se vincula toda la red de quienes habitan los barrios Tokio y Las Brisas.

Cuando se habla del mural, de la realidad de los barrios, parece preciso pensar en la resistencia y su relación con las paces. Se hace necesario mencionar: «La resistencia no violenta surge como respuesta urgente para satisfacer las necesidades vitales de defensa de la vida, la cultura, la autonomía, la dignidad y la autodeterminación de las comunidades» (Hernández, 2006, p. 11). En Colombia muchas investigaciones se han centrado en recuperar esas construcciones de autodeterminación de las comunidades y las experiencias en donde se resaltan acciones colectivas como formas de manifestar la resistencia, tanto de inconformidad como de expresión de la presencia. Las comunidades potencian su fuerza para transformar la realidad y cohabitar con otras diferentes, con culturas y expresiones que son ajenas, pero que se encuentran en las experiencias reales.

En el mural también tiene sentido la resistencia empieza a reforzarse a través del ejercicio de la experiencia, y esa experiencia estética manifestada en los murales evidencia la cotidianidad de los barrios Tokio y Las Brisas. Allí se encuentran expresiones culturales diversas, también formas de crear, de resolver y gestionar conflictos. Representan mecanismos de lucha política o defensa ante las estructuras presentes (Estado, estructuras criminales y organizaciones comunitarias), presentan otras formas en su mayoría de veces no violentas y procesos de construcción de paz/paces.

Precisamente, se constituyen en las **resistencias–paces–resistencias** esas acciones que permiten la vinculación del otro desde la pintura, la música, en general, el arte como estética de las acciones locales, cotidianas y colectivas.

Además de los murales, cuando se trata de describir e identificar prácticas de resistencias–paces, son muchas las expresiones que aparecen desde colectivos o acciones individuales: la danza, el dibujo, el grafiti; iniciativas como las huertas urbanas, la decoración de manzanas o cuadras, los encuentros culturales, las tardes de cine. Muchas de estas expresiones motivadas por organizaciones comunitarias propias o ajenas al territorio, o instituciones gubernamentales. No obstante, la participación en estas y la materialización en el territorio hacen que se adquiera una dimensión diferente, no necesariamente están constituidas en el marco de un proyecto ético–político, pero sí desde la intención de un sujeto. Si la resistencia está directamente ligada a la red que se teje a partir de las acciones que se realizan y la práctica a las acciones recurrentes, estas prácticas de los NNA son resistencias colectivas, locales, propias, motivadas por quienes viven su territorio, que han adquirido una regularidad, no solo a través del mural pintado en las casas de los barrios, sino en espacios que evidencia la constitución del territorio, esos espacios llevan un sello, una marca de lo que sucedió en ese lugar.

> Yo por ahí publiqué en mi Face un mural, se les llevó cuenteros, teatro, varias cosas en las cuales también se les habló a los niños sobre la importancia de no generar ni atraer más violencia hacia nosotros; sobre la importancia de vivir en paz, en armonía, del diálogo, del entendimiento hacia el otro y de cómo tratar de que yo tengo la razón, pero usted no me la quiere dar. Bueno, al final llegábamos a esa conclusión. Entonces, en este momento los niños tienen como apoyo la junta de acción comunal. eb1.

Se encuentran procesos adelantados en el barrio que posibilitan la vinculación de los NNA en estos ejercicios. Son ideas propias de cómo resolver conflictos; estas ideas se ven materializadas a partir de las prácticas que permiten la vinculación del arte como una acción estética del territorio y de los sujetos allí presentes. Además, que la inversión está direccionada a los NNA, a veces sin entender la dimensión que tiene frente a la recomposición del mismo adulto. La creación de la fundación Fundarte, además de los grupos juveniles como Impacto Juvenil y otras iniciativas comunitarias, demuestra cómo se está movilizando el territorio con intervención de los NNA, quienes establecen una relación con sus familiares y el ambiente que los rodea. Manifestado por un líder de una fundación:

> Es como todo lo que nosotros trabajamos aquí mediante la danza. Todo lo que se trabaja aquí por medio de la fundación mediante la danza, lo que se trabaja aquí en Tokio mediante el grupo que ellos tienen de Impacto Juvenil, y es toda esa labor social donde uno quizá busca sacar a todos estos chicos y chicas que se encuentran sumergidos en un ambiente, por así decirlo, de zozobra, de conflicto. La que muchas veces no encuentran como vía alguna o solución alguna, cierto, pero lo que se hace por medio de esa construcción de paz y paces es sacarlos y mostrarles como otras realidades y de que sí es posible ver el mundo desde otros lentes. eb2.

Estas realidades reproducen acciones en el territorio y desmitifican el estereotipo creado en el exterior; son varios los escenarios creados por estas organizaciones que se quedan en el territorio. Se convierten en prácticas para los NNA, por ser creadas en los barrios y por su participación en ellas. Al respecto, un líder del barrio Tokio opina:

> Ellos son los de Impacto Juvenil y ellos hacen la «Tokiomanía». Vino gente de todas partes, de otras ciudades, pueblos y de los mismos barrios de acá. Hicieron muchas cosas y estuvo muy bueno. Al principio, el primer año fue regular; ya el segundo, mejoró, y ahora este tercero estuvo muy bueno de verdad, hicieron que la cultura afro se diera a conocer y mostraran nuestra comida, nuestros bailes. Dieron a conocer nuestra cultura a mucha gente. ET1[10].

Así se reconoce que es posible desde la experiencia cotidiana que los NNA sean parte de las resistencias y de las prácticas, a través de la música, la danza, el grafiti, el dibujo, la pintada de una fachada; no solo a través de los murales. Son experiencias de vida individuales, colectivas, familiares, de amigos; es un territorio que construye y modifica la realidad.

Figura 23. Resistencias–paces–resistencias

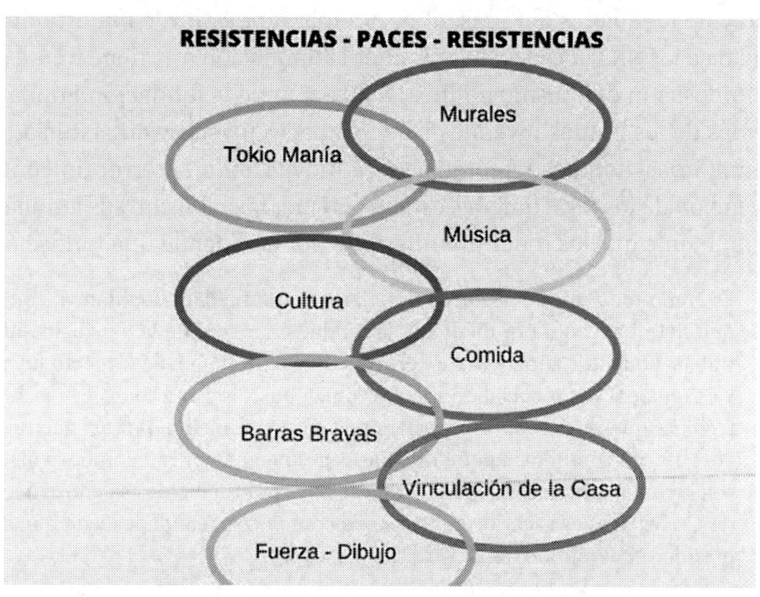

Fuente: elaboración propia

10. Entrevista a líder del barrio Tokio.

En ese sentido, estas no son las únicas prácticas encontradas, puesto que hay otras prácticas de resistencias– paces–resistencias que se entretejen. También, cabe decir que hay formas de resistir a las paces y estas no solo se presentan en violencias, sino en el control y delimitación del territorio, el uso de la calle o en los espacios de ocio o para compartir. En cada una de estas acciones se evidencia cómo juega o se vincula el adolescente, de la misma manera que se vincula a su círculo más cercano. El adolescente, además de estar en las barras bravas encontrando su singularidad; en el colectivo, dibuja y pinta su barrio. El adolescente, joven, niña y niño que participa en la construcción del mural no solo está expresando su sentir, sino la trayectoria de su cultura, ya sea mestiza, afro o indígena. La descripción de estas prácticas adquiere sentido al ver las imágenes de los murales, los dibujos, la pintura y el arte, que se convierten en una forma de resistir, reexistir y de construir desde sus particularidades, individualidades, singularidades y colectividades.

Los sujetos son cuerpos llenos de sentidos y con una posición frente a su realidad. Estas prácticas han sido identificadas en muchos barrios de Colombia, como la Comuna 13 de Medellín. Juan Diego Jaramillo expresa desde su investigación *Entrando y saliendo de la violencia: construyendo el sentido joven en Medellín desde el graffiti y el hip hop* que: «Analizó, en la relación entre prácticas y lugares, que en aquellos que estuvieron en la delincuencia las nociones de los lugares se encontraban más cerca de las cotidianidades de los barrios» Jaramillo, 2015, p. 117. Se observa cómo las prácticas traspasan la cotidianidad y presentan una forma de reexistencia de estos jóvenes en Medellín.

Por otro lado, en los barrios Tokio y Las Brisas también se constituye una forma de reexistir y de convivir en el marco de estructuras que representan su pensar y sentir. Las prácticas y las relaciones encontradas, ya sea con las violencias, las paces o las convivencias, muestran significativamente la posición de los NNA frente al lugar físico, el territorio, y el lugar sentido, el territorio vivido, siendo estos lugares uno y muchos al mismo tiempo porque su significación está construida a partir de la experiencia que el NNA tiene allí.

Figura 24. Barrios Las Brisas y Tokio

Convivencia–paces–convivencias: una forma de resistencia

«Se ha ido trabajando durante ocho o siete años. En un tiempo creamos un grupo de integración entre las cuatro juntas y ahorita también estamos realizando trabajo, los grupos de danzas tienen acercamiento con el adulto mayor» GT1[11], dice un líder comunitario del barrio Tokio.

La convivencia se constituye en un ejercicio que además de poner en el mismo territorio expresiones, sentires, vivencias, acciones y prácticas, pone también miedos, dolores necesidades y ganas. Se piensa la convivencia desde la convivencialidad, en busca de establecer una relación con el entorno y lo que significa para quien habita el territorio. Se permite una conexión entre quienes establecen relaciones de convivencia

11. Grupo de discusión del barrio Tokio, líderes comunitarios.

con la paz, esa que no es representativa, y con las paces construidas desde la cotidianidad de un territorio propio.

Los barrios Tokio y Las Brisas resisten a través de la palabra, de la imagen, de lo que presenta cada mural pintado por los NNA. Allí donde conjugan experiencias y caminos se encuentran tensiones, se prolonga la existencia y se deja una huella en lo que se constituye el proyecto político de los sujetos de la zona. Los sujetos son capaces de decir no más, de expresar lo que piensan, de actuar, de tener posición al respecto de un hecho o situación y de manifestarlo, como también de simplemente callarlo y mostrarlo desde otra habilidad. El arte hace parte de esa manifestación de la resistencia; da sentido a la expresión de los NNA, no solo con imágenes de indígenas, negros y mestizos, sino con sus casas, sus ideas, sus sueños y sus pronunciamientos, donde existe un discurso figurado, una expresión que evidencia la vivencia de una zona. Las prácticas de resistencia plasmadas en un mural muestran una forma del sujeto que se expresa desde su cotidianidad y le da sentido a lo que es vivir en los barrios Tokio y Las Brisas.

> El niño que es sabedor del efecto que sus actos espontáneos ejercen en lo que lo rodean ejecuta –a propósito– un acto que era ciego, empieza a manejar y a ordenar sus actividades con referencia a sus consecuencias [...] «Una actividad que era 'natural' –espontánea y sin intención– se transforma, porque es emprendida como medio para obtener conscientemente una consecuencia. Tal transformación marca todos los hechos del arte». (Dewey, 2008, p. 72).

El arte que nace de la experiencia y de la cotidianidad de los NNA es lo que constituye su cultura, su expresión, las dinámicas al interior de estos barrios, las lecturas de la realidad, el tejer con las manos, el color. Se precisan aspectos de la resistencia a través del mural como una expresión, una acción natural, que es liderada desde el sentir de los NNA, es decir, desde su cotidianidad y su vivencia ellos entienden la dinámica de la zona donde habitan, de los espacios caminados, de las calles de su barrio; pero también de las tradiciones culturales encontradas en ellos que se hacen expresión a través del dibujo en el mural.

Figura 25. Barrio Las Brisas 2

El mural de la Figura 25 muestra un espacio de expresión, donde la naturaleza y el color cogen forma de mirada. Está cargado de la palabra de los sujetos, quienes más allá de la relación del dibujo plasmado, presentan una práctica de convivencia en el territorio. Se evidencia el proceso del artista, es decir, de los jóvenes, adolescentes, los niños y las niñas en los barrios que ubican su realidad. Cuando se revisa la imagen, el sentido de lo expresado en la pared, no señala solo colores que reflejan vida y acción, los trazos muestran una cultura, una labor, una mujer y un niño, muestra la raza, la tierra y la conexión con ella. Esta imagen en la parte posterior de una casa es un mensaje de convivencia entre culturas, pensares y formas de actuar, rescata la importancia de los NNA y el contacto con la vida, un lugar habitado y emancipado.

La resistencia entonces, como práctica, no solo se retoma como ese punto de tensión en el marco de las relaciones constituidas entre los sujetos que habitan el territorio, la resistencia aquí como práctica liberadora se reviste de acción y la constituyen prácticas repetitivas cargadas de sentido, intención y emoción; también prácticas formativas institucionalizadas, o como prácticas no formativas. En ese sentido, estas prácticas permiten convivir entre las paces que no son las mismas para los sujetos de Tokio que para los de Las Brisas. Para algunos, las paces hacen parte del juego de vivir, para otros del contacto con la naturaleza, para otros es el respeto de las zonas delimitadas entre quienes tienen el control; lo cierto es que en ningún caso estas prácticas de **convivencias–paces** tienen un único lenguaje.

Figura 26. Juego como parte del significado de la paz

Fuente: elaboración propia.

Las resistencias que se constituyen en los barrios Tokio y Las Brisas de la comuna Villa Santana pasan a ser resistencias exclusivas y denominadas como aquellas que permiten evidenciar una construcción distinta, sostenidas con el tiempo, que muestran tensiones al respecto de lo que no funciona bien, ya sean prácticas violentas o prácticas artísticas, que se manifiestan a través de expresiones como la danza, el teatro o los murales. Son evidencias prácticas de resistencia en un territorio donde conviven entre en dinámicas distantes.

Se convive entre prácticas violentas, estructuras criminales, violencia intrafamiliar y vinculación a las drogas, estas no son exclusivas de quienes se acercan a ellas a consumir; responde también a todo el relacionamiento con las sustancias psicoactivas, venta, invitación, menudeo, toma de sectores, delimitación de lugares específicos, donde los sujetos conocen los horarios y momentos, ubican la utilización de ese espacio, el microtráfico y la vinculación con redes de narcotráfico. También están las prácticas que invitan a la construcción de paz y de paces en un territorio heterogéneo, se trata de la resistencia al control territorial que delimita zonas y lugares; quienes ejercen estas prácticas se expresan con los murales, mueven sus cuerpos al ritmo de la danza, en el juego expresan su contexto y su forma de verlo, lo expresan en la participación de talleres, en el dibujo y en la cartografía, en donde se identifica cómo se usa el territorio, el barrio, los parques y las zonas de ocio. Como lo manifiestan los adolescentes:

> Y nosotros teníamos una actividad, presentamos un cine foro todos los fines de semana en la noche, pues porque en el día no se veía. Entonces, la primera actividad que se vio afectada fue el cine foro, como 15 días no pudimos hacer cine foro. Entonces, el grafiti de la vida lo hicimos también como un acto de rebeldía de que no, que cuál toque de queda ni qué hijuemadres. Entre las propuestas que se están intentando para gestionar espacios toca cerrarse y los violentos relajados desparchados. e–b3.

Figura 27. Barrio Tokio (Rojas)

Fuente: registro trabajo de campo

> El mural de Johnny era más como una necesidad de generar un recuerdo de no dejar apagar la llama de Johnny. Sí, realmente Johnny era muy significativo para nosotros, lo sigue siendo a pesar de tantos años de fallecido, sigue siendo un referente para muchos también del talento de la comunidad, de los sueños, de las esperanzas, de la alegría de la gente y queríamos tener eso de Johnny. e– b3.

Los murales cuentan una historia y unos relatos; además, muestra lo que significa la casa. Cuando se lee la imagen con el contexto de la entrevista, allí hay una expresión y hay un sentido de resistir y de reexistir.

Figura 28. Barrio Tokio 2

Fuente: registro de trabajo de campo

La casa de la mamá del joven asesinado deja de ser la casa donde todos llegaban para convertirse en un ícono de expresión, de manifestación de inconformidad, de recordación, de resistencia, donde prima la vida, las acciones colectivas y la memoria. En ese sentido, la práctica de pintar murales, que es catalogada por muchos como una práctica de resistencia frente a un hecho, acción o práctica en sí, no solo evidencia la expresión convertida en acto, sino que plasma desde la emoción con la intención de presentar algo frente a la comunidad. Este mural, rechaza la muerte de un líder de la comunidad afro, pero también potencializa las acciones realizadas por él y su familia (Figura 30).

Se expresa la importancia de las dinámicas y la ocupación del territorio por la población afro, rescatando la fundación del barrio Tokio y su dinámica cultural. Asimismo, expresa la vida, manifiesta el reclamo y la intención; se puede pensar la resistencia como una acción que solo se ve reflejada en determinados escenarios políticos, como lo manifiesta

Ramírez: «En los últimos tiempos se ha vuelto usual el término "resistencia" para caracterizar la lucha de diversos movimientos sociales frente a acciones represivas o decisiones inaceptables del poder político o económico» (Guber, 2011, p. 8). Sin embargo, los escenarios de resistencia de la comuna Villa Santana reviste espacios que no solo demuestran acciones en contra del poder político, también generan relaciones de otra índole.

> En general, la resistencia es asumida como un ejercicio social de contrapoder, como una acción solo negativa, es decir, como una "reacción" más que como una "acción", que no se propone objetivos claros como tomar el poder, cambiarlo, participar en él; esto es, actuar dentro del marco institucional–organizativo establecido, pues, de alguna manera, se asume que es todo ese marco el que está siendo cuestionado por la acción de resistencia. (Ramírez, 2017, p. 9).

En los barrios Tokio y Las Brisas se encontraron diversas fuentes de fuerza y de tensión que se dan en las relaciones de poder establecidas. Se evidencian prácticas sociales violentas legitimadas y parte de la población se identifica con ellas. De hecho, esas prácticas expresan el sentir de parte de la población que habita el territorio y vincula a los NNA. No obstante, se manifiestan también vínculos y acciones relacionadas con las **convivencias–paces**, con fuerzas, magnitudes, intereses y potencialidades diferentes, que cubren la acción de liberación que fomentan el hecho de creer, construir y vincular a los NNA en estos espacios; se resalta cómo se conciben desde lo significativo del entorno ocupado, desde el territorio simbólico, geográfico, a veces impuesto, y apropiado por cada sujeto.

En la cotidianidad de Tokio y Las Brisas, los NNA desarrollan las prácticas e interactúan desde su ser viviente y las condiciones que los rodean, lo que implica el proceso mismo de la vida.

> En condiciones de resistencia y conflicto, determinados aspectos y elementos del yo y del mundo implicado en esta interacción recalifican la experiencia con emociones e ideas, de tal manera que surge la intención. Las cosas son experimentadas, pero no de manera que articulen una experiencia, la

distracción y la dispersión forman parte de nuevas vidas; lo que observamos y lo que pensamos, lo que deseamos y lo que tomamos, no siempre coinciden. Ponemos nuestras manos en el arado y empezamos nuestro trabajo y luego nos detenemos, no porque la experiencia haya llegado al fin para el que fue iniciada, sino a causa de interrupciones extrañas o una letargia interna. (Dewey, 2008, p. 41).

Esa experiencia cotidiana puesta en práctica regular manifiesta el arte, el impulso de la acción de los NNA, el participar en talleres de pintura y grafiti, el vincularse en organizaciones, como la Asociación Cristiana de Jóvenes (ACJ–YMCA) e Impacto Juvenil, participar de las jornadas culturales como Tokiomanía, en los encuentros culturales propiciados por la institución educativa de la zona o hacer sancochadas en las manzanas de los barrios. Todo ello hace parte de la experiencia cotidiana que constituyen las prácticas. Estas prácticas y muchas más, que a lo mejor no se alcanzan a describir en este capítulo, como es el hip hop, apuestan a la constitución de sujeto político, ético, con capacidad de decisión a veces muy dirigida desde lo automático que es vivir. «Es posible ser eficaz en la acción y, sin embargo, no tener una experiencia consciente. La actividad es demasiado automática para proporcionarnos un sentido de lo que es y a dónde se dirige» (Dewey, 2008, p. 45), y no es el NNA en automático sin capacidad de decisión, es la acción. Líder comunitario dice:

Los niños y los jóvenes de esta comuna, en especial del sector de Las Brisas, Tokio, El Remanso, Guayabal y El Danubio, tienen un gran apoyo en el colegio Jaime Salazar Robledo, el megacolegio. Allí hay un convenio con la Universidad Tecnológica, el colegio y el jardín. Entonces, los niños tienen un proceso en el que entran al jardín Perlitas en Tokio; de ahí pasan al proceso educativo de kínder, transición y esto en el colegio Jaime Salazar, siguen ahí su bachiller y de ahí pasan a la Universidad Tecnológica. Es un convenio de unión que hay de esos 3 sitios, que es muy bueno, porque desde que están en el jardín están aprendiendo inglés y francés, pasan al colegio y refuerzan más esos dos idiomas y fuera de eso refuerzan mecatrónica, refuerzan más lo de valores y siempre están ocupados, entonces hay menos tiempo libre, menos tiempo de equivocarse. eb1.

Figura 29. Relación de categorías

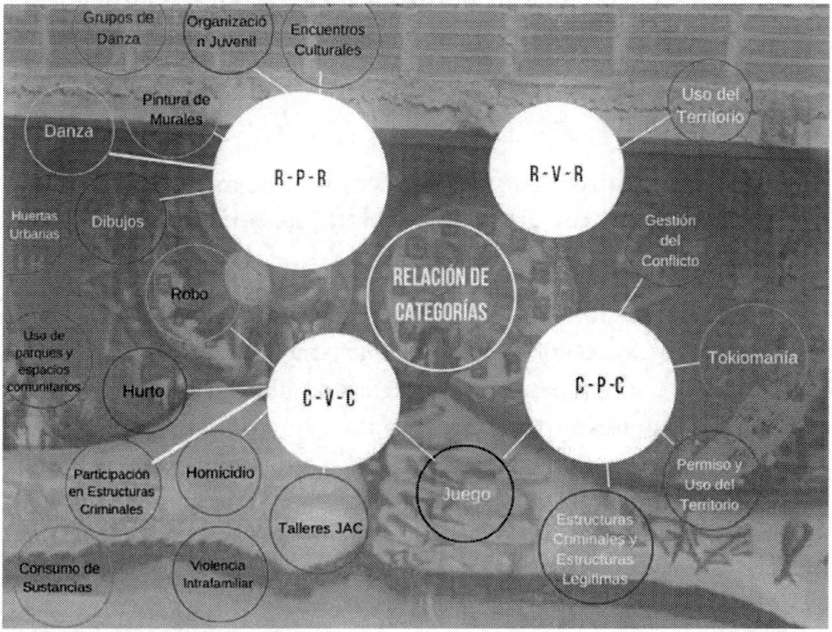

Fuente: elaboración propia.

De esta manera, se encuentra un entramado de relaciones entre las prácticas enmarcadas desde el arte, desde vivir la experiencia desbordada de conocer el territorio; otras que marcan y puntualizan posiciones al respecto de los actos delictivos y de violencia; otras que callan y conviven a través del miedo, como son los silencios al respecto de los actos que comenten las estructuras criminales; mientras que otras establecen límites que permiten explorar dinámicas distintas de entender el territorio y que principalmente se encuentran en las expresiones estéticas y artísticas de los NNA, y que configuran y constituyen las prácticas formativas, liberadoras, de resistencias, de convivencias, institucionalizadas, de paces, de violencia, entre otras, y lo más importante manifiestan una realidad. En palabras de Castillejo (2007): «Fue precisamente en los sutiles detalles de aquellos discursos que esta necesidad de reconocimiento adquirió un tono más complejo y, yo sugeriría, una temporalidad distinta» (p. 82). Y que en los barrios Tokio y Las Brisas en donde sus discursos no solamente son orales, también son sentidos y expresados con sus manos, sus bailes y su arte.

4.2 Relaciones entre resistencias–convivencias con las violencias–paces. Amores, odios, alegrías, tensiones, tristezas y libertad

En la identificación de las prácticas de los niños, niñas y adolescentes desde las diversas categorías con que trabajamos, podemos comprender cómo se dan y funcionan en el contexto de nuestra investigación las relaciones existentes entre las resistencias– convivencias con las violencias–paces en las prácticas de los NNA. Y para comprenderlas de una mejor manera, nos centramos en las relaciones contenidas en dos grandes triadas. Luego, después de revisar las triadas y las composiciones que están incorporaban, presentadas anteriormente, se reagruparon el dos triadas presentadas: **resistencias–convivencias–violencias** y **resistencias–convivencias–paces**, esto sin dejar de lado, las relaciones que contienen estas dos grandes triadas, así, estas permitieron centrar y valorar el tipo de relaciones en las prácticas. Por medio de las anteriores triadas se pudo observar cómo aparecían regularidades en la relación entre triadas; desde allí, se identificó que muchas de las relaciones estaban conectadas entre sí. A continuación, se exponen las dos triadas.

4.2.1 Primera triada: relaciones entre resistencias–convivencias–violencias

Esta triada se relaciona con las prácticas del contexto de los NNA de la comuna Villa Santana y las relaciones presentes en el territorio, en el espacio íntimo, individual y colectivo. Estas prácticas relacionales entre estas categorías no están desligadas unas de otras; ellas en sí se contienen, están dispuestas y compuestas por momentos vividos, y en la forma de establecerse y reorganizarse en el territorio; es decir, en el territorio se viven de diversas formas. Prácticas de resistencia como el mural de Jhonny pintado por los adolescentes y jóvenes, que hacen parte del grupo Impacto Juvenil, se organizan para conmemorar lo que significó su muerte. Pero también, la resistencia presente en el parque y la cancha que se usan para prácticas violentas, como el expendio de sustancias psicoactivas. Al mismo tiempo, los NNA identifican que el uso de esa cancha solo es permitido en horas del día, siendo delimitado su uso en las noches para el expendio de dichas sustancias. De esta manera, se evidencia la relación y conexión que se establece alrededor de las prácticas de resistencias–convivencias–violencias en el barrio, de cómo se dan y se manifiestan las dinámicas en las prácticas de los NNA. Ocurren allí, relaciones que son flexibles, duras, extraordinarias, primitivas, contemporáneas, agresivas, conflictivas, etc., dependiendo de la intensión y frecuencia de la práctica en el sujeto. Lo más interesante es que en estas relaciones constituidas en el barrio por grupos no formalizados en los espacios propios de los sujetos transita la territorialidad, física, emocional, colectiva e individual.

De acuerdo con la constitución de las prácticas se establecen relaciones alrededor de estas; por ejemplo, en el uso del territorio. Entonces, se establece la primera relación de esta triada, denominada «dura», la cual habla de la frecuencia, de la intensidad y el tipo de práctica manifestada por quienes viven, utilizan y movilizan el territorio. En el marco de este recorrido se identificaron las relaciones entre la resistencia–convivencia–violencia. A continuación, se profundizan un poco más.

Figura 30. Relaciones: resistencia–convivencia–violencias

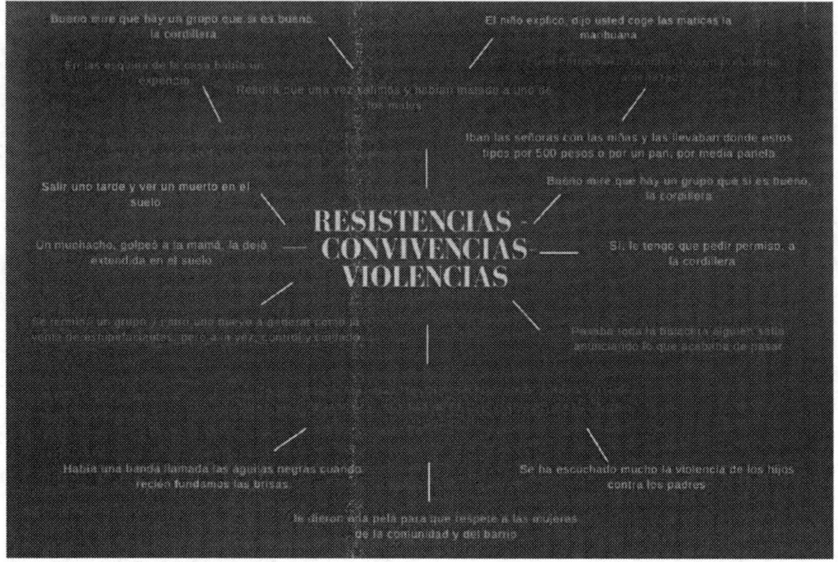

Fuente: elaboración propia.

Las expresiones de la violencia no se pueden considerar como ajenas o impuestas en el territorio, ellas permanecen y se mueven en el marco de legitimidad. A través de su presencia, establecen una relación de poder y control geográfico y físico; como también en su construcción subjetiva, cuando en la práctica se identifica a un niño de seis años aproximadamente explicando cómo se arma un bareto. Al fijarse en la expresión que está en la imagen, se expone una práctica de uso y consumo de sustancias psicoactivas, donde intervienen los NNA; siendo esta una práctica violenta y al mismo tiempo de legitimación de las estructuras criminales. De tal manera, se encuentran expresiones como: «Hay un grupo que sí es bueno... Cordillera». Cuando esta manifestación aparece en el discurso de los NNA, se fortalece una relación de poder y control desde su práctica, que involucra la cotidianidad de la comunidad del territorio. Cuando este tipo de grupos resuelve los conflictos generados en el sector se naturalizan sus prácticas y conviven con la presencia de la estructura criminal, de manera continua; en las notas de prensa se identifica Cordillera u otros grupos que han hecho presencia allí, como Los Rastrojos, el ELN y otros, según los comentarios de líderes comunitarios.

Las formas como aparece la violencia no se pueden desligar de las vivencias de los NNA en Tokio y Las Brisas porque lo viven cotidianamente, cuando salen a la calle de su barrio y ven que un hombre joven maltrata físicamente a su padre, o cuando pasa el gota a gota a tocar en las puertas de las casas. Se revelan prácticas movilizadas en su realidad, que, desde afuera, desde el exterior territorial, especialmente desde las políticas institucionales, develan las dinámicas de lo privado, lo público y lo social. Se muestra cómo es que en cada forma de expresión de la violencia hay una relación entre resistencias–convivencias–violencias, estas se encuentran entre los usos del territorio y la importancia y legitimidad que le dan a la presencia de las estructuras criminales, aunque esa legitimidad no es única entre todas las personas que habitan el territorio.

La relación entre las prácticas de resistencia–convivencia con las prácticas de violencia se dan en la forma de mantener el control por el territorio, y se legitima cuando se prefiere utilizar a los líderes de las pandillas y estructuras criminales para resolver cualquier conflicto. Esto es practicado o se identifica en la acción de los adolescentes cuando manifiestan: «Me toco llamar a los de Cordillera», o cuando expresan: «Hay un grupo que sí es bueno... Cordillera». Se convive entre no querer vincularse con las estructuras criminales y las prácticas delictivas, pero también desde la resistencia a vivir desde el control legítimo[12], que es

12. Se llama control legítimo al ejercido por la institucionalidad, esto es, Fuerzas Armadas, Policía, Ejército, entre otros.

sentido como impropio. En otras palabras, no se quiere ser controlado por el control legítimo de Estado y sus instituciones, incluida la familia. Pero se busca el vínculo de la estructura criminal que también ejerce control sobre los actos de NNA, donde se les dice qué hacer, a quién y cómo hacerlo.

Estas relaciones son compuestas por líneas o elementos manifestados sutilmente en las conexiones de las actividades y lógicas de los NNA en su cotidianidad con la búsqueda de libertad en un contexto de prácticas de violencia. Porque, de un lado, está el cómo resistir desde las prácticas delictivas; pero que por otro lado, en los espacios de socialización territorial y formación del contexto son acaparados por otras formas de control y poder como son las estructuras criminales, quienes le manifiestan al NNA que al hacer parte de estas se resiste a ese control estatal, que se manifiesta en momentos como cuando ven la figura del jibaro que tiene reconocimiento y legitimidad en el barrio; también cuando es normal como circula la información sobre las víctimas de homicidio. La forma como se busca afectar a los NNA se reconoce en la obligación de convivir con estas prácticas, que son naturalizadas y los niños lo expresan con normalidad. Cuando el niño de seis años se enorgullece al decir que sabe armar el bareto; cuando los NNA reconocen las formas cómo se utiliza la cancha y los códigos que se mueven; además de las situaciones de choque y conflicto cuando los padres o madres se resisten a estas prácticas, cuando se manifiestan ante la vulnerabilidad de sus hijas y dicen: «Ustedes me las tocan y yo los mato».

Existen líneas como fronteras y encuentros en las relaciones entre las prácticas de los NNA que permiten el tránsito de una legitimidad constituida por una tensión entre lo que se siente y representa vivir en el territorio y lo que les toca vivir, y que no reconoce su propia identidad. Estas relaciones se mueven entre prácticas de resistencia a la violencia, esa que es reconocida pública, social o regularmente, y aquella construida a partir de la experiencia específica del territorio y de quienes lo habitan. En esta relación resistencia– convivencia–violencia se identifican subrelaciones, otras relaciones que marcan las dinámicas de esta triada. Estas relaciones se han denominado en este estudio según su intensidad y presencia; es decir, cuántas veces aparecen, cuántas veces son mencionadas y qué es lo que mueve al sujeto. Una de estas se ubicó como relaciones de flexibilidad a las vivencias de las prácticas violentas y de convivencia, como se mencionaba anteriormente, se convive con ellas hasta el punto de volverse cotidianas; otras se situaron como relaciones primitivas y tensionadas, todas en conexión con la relación de las prácticas de resistencias–convivencias–violencias.

Las relaciones denominadas como flexibles se presentan cuando no se está de acuerdo con las prácticas de violencia, pero se convive con ella y además se juega a legitimar su rol; aquí además se evidencia una práctica de control territorial por quienes habitan el barrio. También se consideró como una relación flexible, cuando se legitima la presencia de estructuras criminales y en el discurso manifiestan que estás estructuras no son tan malas, expresión que se puede revisar en la Figura 30. Por otro lado, se evidencia la frecuencia, ya que aparece varias veces relacionada por los NNA en las cartografías.

En la construcción de las cartografías aparece el relato alrededor de los NNA que manifiestan la relación con el territorio y el vínculo de convivencia con sus prácticas cotidianas, como el juego. En la Figura 31 se expresa con negro lo prohibido, la presencia de lo que no reconocen, no aceptan y no les agrada. En la cancha se encuentra los NNA jugando fútbol, pero la misma imagen presenta el «color negro de quienes llegan ahí», quienes le dan otro uso a la cancha.

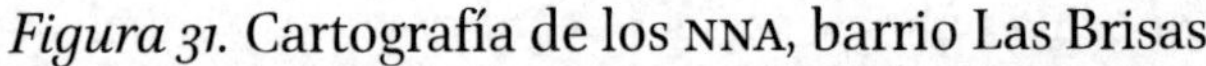

Figura 31. Cartografía de los NNA, barrio Las Brisas

Por otro lado, se identificaron otras relaciones denominadas como primarias. Se nombran así porque alrededor de ellas se permiten y se negocian los actos violentos, actos que tienen en si un juego de poder en el territorio. Un ejemplo tiene que ver con lo que sucede en el territorio y el alcance de las prácticas violentas para resolver conflictos. La Figura 30 expone cómo en algunos casos se dirime el conflicto a través de la legitimación de estructuras criminales; la más cercana y mencionada: Cordillera. Y un caso específico es cuando los NNA resuelven un conflicto con una persona del barrio, por medio de un integrante de esta estructura, donde el temor, el control y la intimidación actúan como relación de poder que se materializa en la práctica, a través de la orden que emite el integrante de la estructura criminal. Otro ejemplo de constante presencia es cuando los NNA quieren hacer una fiesta y le tienen que pedir permiso a la estructura criminal, y de la misma manera esta solicita espacio para comercializar alucinógenos en el espacio de celebración. Lo anterior muestra cómo el círculo de la práctica violenta y delictiva mantiene su raíz y configuración primaria.

La particularidad del actuar en el contexto también se hace evidente en la forma como se gestionan o solucionan los conflictos; se reproducen prácticas violentas como golpes, puñaladas y lesiones personales. En la revisión de prensa se identifican estás prácticas en el marco de enfrentamientos entre pandillas, donde la dinámica del territorio y las tensiones en las relaciones se resuelven a través de riñas, peleas y asesinatos (Figura 32).

Figura 32. Revisión de prensa, Diario del Otún, 2002

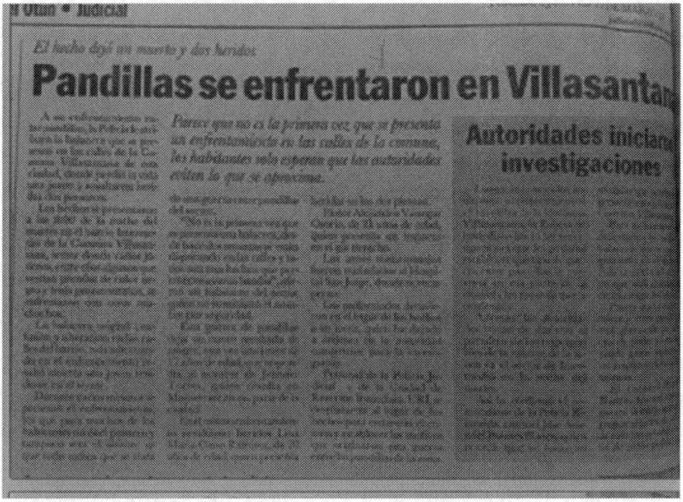

Otún • Judicial

El hecho dejó un muerto y dos heridos

Pandillas se enfrentaron en Villasanta

Parece que no es la primera vez que se presenta un enfrentamiento en las calles de la comuna, los habitantes sólo esperan que las autoridades eviten lo que se aproxima.

Autoridades inician investigaciones

Fuente: periódico local, el Diario

En esta misma línea, donde se identifican las subrelaciones en las prácticas de resistencia–convivencia–violencias se encontraron las denominadas: relaciones expansivas[13], que expresan una conexión entre las relaciones dadas en las prácticas que se desarrollan en lo privado

13. Las subrelaciones son aquellas que aparecen en el marco de los hallazgos. Son la conexión entre las relaciones de las prácticas. Se agruparon según

(casa, familia, amigos cercanos, lo individual), pero transitan hacia la esfera de lo público; al mismo tiempo se invierte o se vincula lo privado y lo social. Aquí las prácticas conectadas están en el marco de la violencia intrafamiliar; un caso específico de violencia, reiterado en las entrevistas, es la violencia de hijos a padres, con una característica particular, la normalización y la justificación de este tipo de prácticas, pero también la tensión sobre esa relación de poder con el padre. Muchas de estas son marcadas por el miedo; por ejemplo, prácticas donde mujeres adultas vendían a las niñas por 500 pesos o por un pan y era de conocimiento de las personas del sector. Allí es evidente el temor por lo que sucede y la fragilidad del NNA ante las diversas prácticas recurrentes en el territorio.

Como se puede observar, se reconocen ciertas conexiones entre el tipo de prácticas y las subrelaciones presentadas. Esto se logró identificar a partir de las segmentaridades[14] presentes en las prácticas, es decir, los procesos y las intenciones detalladas, como se decía anteriormente, por la recurrencia de las prácticas descritas en las relaciones, en tanto

---

denominaciones, por ejemplo: «expansivas», para ubicarlas y luego representarlas en los mapas de calor y análisis.

14. De acuerdo con lo planteado por Deleuze y Guatarí: «La segmentaridad es una característica específica de todos los estratos que nos componen. Habitar, circular, trabajar, jugar: lo vivido está segmentarizado espacial y socialmente [...] Estamos segmentarizados circularmente, en círculos cada vez más amplios, discos o coronas cada vez más anchos, como en la carta de Joyce: Mis asuntos, los asuntos de mi barrio, de mi ciudad, de mi país, del mundo [...] Estamos segmentarizados linealmente, en una línea recta, líneas rectas, en la que cada segmento representa un episodio o un proceso: apenas terminamos un proceso y ya empezamos otro [...] Los segmentos sociales tienen, en ese caso, una cierta flexibilidad, según las tareas y las situaciones, entre los dos polos extremos de la fusión y de las escisión; una gran comunicabilidad entre heterogéneos, de suerte que la conexión entre un segmento y otro puede hacerse de múltiples maneras; una construcción local que excluye el que se pueda determinar de antemano un dominio de base (económico, político, jurídico, artístico)». (Deleuze y Guattari, 2010, p. 214)

se ubican cerca o contrapuestas unas de otras. Por otro lado, una de las relaciones reconocidas en el desarrollo de la investigación y que, en los adolescentes, justamente, hace presencia o permanece en tensión es la relación con el poder, específicamente con el control territorial; por ello, se manifiesta en ellos la opción de libertad.

Asimismo, se reconoce la vivencia de los NNA como una experiencia motivadora de la acción en tanto intención y práctica materializada en la acción misma; en donde la interacción con el adulto genera una relación con el contexto y lo que está alrededor, no solo personas, sino hechos y situaciones. En otras palabras, cuando el NNA sabe cuál es el lugar de expendio de drogas y qué tipo de drogas se pueden encontrar, allí se expresa una relación de convivencia con la violencia que circula alrededor; además, saben del control de lugares específicos, las fronteras invisibles y el robo, por la vinculación con la comercialización de la droga. Pero también, los NNA tienen relación con los sujetos que transitan alrededor de estas prácticas y los incluyen: padres, familiares, amigos o cuidadores. Es lo que nace desde la experiencia en su territorio, sentido y vivido; esta relación le permite ubicar la experiencia y la motivación de la acción de las subrelaciones.

De esta manera, como se describía anteriormente, en las prácticas aparecen relaciones entre hechos, situaciones y vivencias. Por ejemplo: el uso del parque para la venta de estupefacientes y los permisos que se deben pedir para la realización de fiestas, y además la autorización para el expendio de drogas en ese lugar. Esto devela una relación de las resistencias–convivencias con las violencias, desde las prácticas se dejan ver violencias características y específicas que aparecen en el territorio y que los NNA hacen propias, desde la utilización de lenguaje al consumo de estupefacientes y hurto, que aparecen de forma regular como evidencias en las notas de prensa; además de ser practicado también por jóvenes.

Así como lo plantea Sáenz (2009), y no exclusivamente para el caso de la escuela, pero si como parte de la construcción que encarna la realidad del territorio y constituye segmentaridades en el contexto de los NNA:

> La escolarización como un conjunto de prácticas que separan a los individuos de sus flujos cotidianos, que los reúne en función principalmente de la edad, pero también de otras características por las que se les considera «parecidos» (nivel socioeconómico, género, etnia, oficio, grado de anormalidad/vulnerabilidad, etcétera) y que configuran un espacio relativamente cerrado donde se buscan intensificar enseñanzas y aprendizajes legitimados en saberes expertos (p. 90).

Las prácticas que aparecen en este conjunto de relaciones señalan o separan los flujos cotidianos alrededor de la resistencia–convivencia–violencia, de manera que expresan vulnerabilidad, pero también grados de actuación en el territorio, que devela formas de aprendizaje y de constitución como sujeto.

La relación que se puede observar y describir entre estas prácticas de resistencia– convivencias–violencias se reconoce al reproducir de manera regular una imagen de lo que es ser niña, niño y adolescente en estos barrios, con conocimiento y apropiación de una expresión de vida que depende de sus segmentaridades. Esto es, con los procesos que viven alrededor del contexto, como son las prácticas de violencia, desde la vinculación, contacto o experiencia con esas prácticas; maltrato entre parejas; participación en bandas o estructuras criminales; de manera que construyen una realidad desde la cual se elabora una forma política de ser «Todo es política, pero todo a la vez en macro política y micropolítica» (Deleuze y Guattari, 2010, p. 218). Las prácticas y la exposición a estas tienen unas condiciones políticas en la formación de los sujetos. En este caso, cuando un niño interioriza en su cotidianidad las prácticas violentas acumuladas y producidas alrededor de las estructuras criminales y el microtráfico, o el saber a qué hora puede utilizar el parque, estas acciones tienen una relación simbólica y una intención política que queda marcada en la experiencia de los NNA.

En los barrios Tokio y Las Brisas se identifican relaciones en donde no se percibe como legítimo el control ejercido por las instituciones estatales o de control gubernamental, pero se legitima el control ejercido por las estructuras criminales; por ejemplo, cuando se les solicitan permisos o se buscan para resolver alguna situación en el barrio. Estas instituciones no tienen una figura visible, pero se sabe que están allí; desde ahí se identifica una resistencia al control estatal. Los sujetos no quieren figuras de control cuando huyen de la policía o cuando se les busca para gestionar los conflictos; no obstante, están en medio de relaciones de control y de poder cuando deciden hacer parte de una estructura criminal. Una característica de las estructuras criminales es que entran y salen del territorio y cambian sus formas de operar, esto se corrobra cuando la presencia de estas estructuras es legítima y visible, manifestando, por ejemplo, que cordillera es buena, aunque opere a través de la figura de *outsourcing*[15].

La violencia en estos barrios se convierte en un contínuum en donde «estar protegidos a la violencia del Estado–Nación es estar expuestos a la violencia ejercida por el Estado–Nación; así pues, basarse en el Estado–Nación para protegerse contra la violencia es, precisamente, cambiar una violencia potencial por otra» (Butler, 2010, p. 47); es continuar en un círculo donde la violencia busca diversas formas de manifestarse, ya sea violentados por las formas con las que el Estado interviene en el territorio o por los señalamientos culturales y cotidianos a los jóvenes, NNA del sector, mostrados por la misma fuerza pública. Como lo expresa un miembro de la fuerza pública: «Uno no puede tratar igual a una persona de Álamos que a una de Villa Santana»[16].

Asimismo, en algunos casos pareciera que se le diera permiso a la violencia para ser expuesta, practicada y muchas veces silenciada. En-

---

15. Palabra utilizada para denominar un tipo de subcontratación o delegación de actividades a través de oficinas sin tener un único lugar de identificación o control.
16. Expresión manifestada por un miembro de la fuerza pública en conversación informal.

tre los jóvenes consumidores se encontró la siguiente situación: «Se ha visto el consumo de sustancias psicoactivas y la violencia de hijos a padres»[17], esto mencionado varias veces por líderes y adolescentes. Aquí es cuando se desborda la esfera privada y se generan posturas de actitudes sociales que afectan las condiciones determinantes de comportamientos y las formas de relacionarse.

Identificar y entender estas relaciones entre resistencia–convivencia con la violencia muestra claramente que muchas de las violencias proyectadas y regularizadas en el territorio (barrios Tokio y Las Brisas) hacen tensión a las formas preestablecidas. Estas violencias y prácticas de violencia, como ya se habían descrito, son materializadas por estructuras criminales en las cuales participan NNA, pero también materializadas por formas de violencia del Estado, en las que los NNA no se sienten vinculados. Las cartografías muestran que los lugares donde se sienten cómodos son arrebatados o marcados por consumo, asesinatos, hurtos; también son afectados cuando reciben papeles debajo de las puertas de su casa o cuando sienten que las instituciones no saben qué es lo que ellos quieren; por ejemplo, cuando afirman que: «La paz para mí no es estar tranquilo como dicen»[18], simplemente aprenden a convivir con las violencias o las justifican dependiendo de la segmentaridad o procesos por los cuales estén pasando los sujetos. Develando las condiciones del territorio, Butler (2010), citando a Adorno dice: «Vemos cómo la violencia practicada en nombre de la civilización revela su propio carácter bárbaro al tiempo que –justifica– su propia violencia presuponiendo su propia subhumanidad (condición de bárbaro) del otro contra quien va dirigida la violencia» (Butler, 2010, p. 134). Esta cita refleja un poco cómo se vive la violencia en el territorio.

---

17. Expresión manifestada por un líder comunitario.
18. Expresión de una adolescente bailarina del barrio Las Brisas.

4.2.2 Segunda triada: relaciones entre resistencias–convivencias–paces

Empezamos a caminar en la segunda triada, en la cual se identifican las relaciones construidas o presentes entre las prácticas de las resistencias, las convivencias y las paces. En este caso, la construcción de paces en el territorio vislumbra una conexión que a veces no es percibida, que circula entre aceptar la idea de paz estructurada presentada por la gran mayoría de las personas y la idea de paz de lo extraño, lo «extraterrestre» expresado en los murales. Esa línea entre qué es la tranquilidad y la relación con la paz como una construcción extraña, los NNA la manifiestan cuando se conversa con ellos, dicen que la paz ocurre cuando juegan, pero la paz/paces no es identificada como algo propio. En muchos de los murales se encuentran expresiones como esperanza, vida y familia. El mural de la Figura 33 fue realizado con los NNA en una estrategia alrededor de la paz y este fue el resultado. Una construcción de paz que los describe como NNA, donde el juego es importante y relacionan la paz con lo que les gusta hacer, y al mismo tiempo es extraña porque trae un concepto que es poco conocido.

En este contexto de la investigación, se parte de que existe una resistencia a la idea de paz constituida o presentada por las formas institucionalizadas,[19] en donde la paz hace referencia a un estado de tranquilidad; pero no es aquella donde se movilizan emociones y acciones de los NNA. Por su parte, la idea de paz la identifican en las prácticas artísticas, como los murales, la danza y el teatro, las más representativas; como una forma de expresión estética de la experiencia cotidiana desde donde ubican la paz. «La paz vendría siendo como otra expresión, lo corporal, bailar» E5[20].

---

19. Esto se conoce por la experiencia en el trabajo de campo y por las conversaciones durante la elaboración de las cartografías con los NNA.
20. Entrevista a adolescente del barrio Las Brisas.

Figura 33. Qué significa la paz para los NNA 2016

Esto describe la dimensión múltiple de la construcción de paz o paces, desde lo cotidiano y cultural, según Muñoz y Molina (2004); la paz a pequeña escala, como lo menciona Castillejo (2019); o la filosofía para hacer las paces, como lo manifiesta Martínez (2001). Lo cierto es que cada territorio y la constitución de sujetos que lo habitan presentan diversas formas de pensar y construir las paces. Es importante mencionar que, para identificar estas relaciones, nuevamente volvemos sobre las prácticas encontradas en el territorio.

Esta segunda triada, relacionada con las prácticas de resistencia– convivencia– violencia, tiene que ver con procesos inacabados, acabados y transitorios. Allí, los NNA viven su experiencia de vida, segmentos, que más que líneas rectas[21], son procesos de arte o elementos en las relaciones que pueden ser dispersas, intencionadas, de colores, cargados de vida o de imagen. Son las expresiones de los NNA materializadas en sus

---

21. Se hace relación a la multiplicidad de líneas que se encuentran alrededor de las relaciones entre prácticas, las que se delimitan, acercan o conectan unas con otras. Por eso se denominan desde varias dimensiones.

prácticas, construidas también por las experiencias cotidianas en donde influye todo el territorio.

Figura 34. Resistencias–convivencias–paces

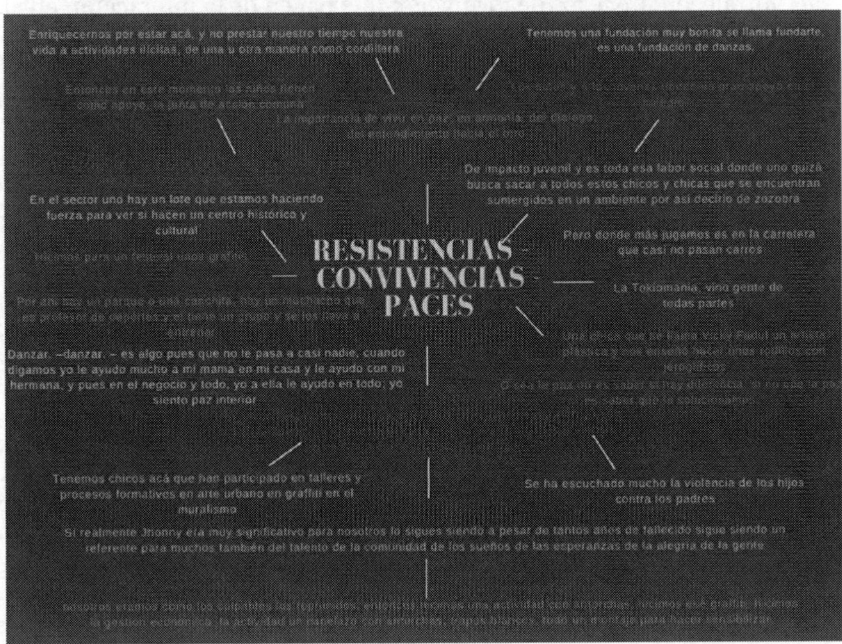

Fuente: elaboración propia.

Es así como estas segmentaridades que denominamos «estéticas»[22] reflejan la intención y expresión del sujeto, al hacer un mural o participar en un grupo juvenil. Lo que muestra el contínuum de las prácticas de los NNA alrededor de la resistencia y las paces en el territorio. Aquí se precisa que estas relaciones entre las prácticas producen segmentos

22. Estéticas no solo direccionadas a la práctica artista manifestada por los NNA en el territorio, sino como una producción intencionada de la acción de los sujetos, construida a través de su experiencia.

que son intencionadas, dispersas, colectivas e individuales, que crean formas o microformas políticas o macro y micropolíticas (Deleuze y Guattari, 2010, p. 209) de ser del sujeto, en este caso de los NNA. Estas experiencias se desenvuelven alrededor o dentro de las segmentaridades, fortalecen procesos de formación que nacen de la interacción en el barrio o con sus pares, quienes hacen parte de la construcción de esas micropolíticas barriales.

Por otro lado, al hablar de las segmentaridades como estéticas[23], que en los barrios Tokio y Las Brisas recogen toda la intención y la expresión de los sujetos, se denominaron como las mencionadas en la primera triada, teniendo en cuenta la intención y la frecuencia. Las primeras son las segmentaridades intencionadas que hacen referencia a la intención de la acción o de la práctica de paces que intenta movilizar una experiencia o acto de violencia, como es el mural de Jhonny[24], ya que desde allí se buscó hacer un llamado contra el acto de violencia que terminó la vida del joven y lo que esto significó para el territorio. Asimismo, con el mural de vida y otros presentes en las paredes del barrio, estos son producidos por los NNA con la intención de tensionar una práctica de violencia.

---

23. Estas segmentaridades vistas como proceso y relación entre las prácticas, se identifican cuando los NNA se vinculan a grupos juveniles, se organizan para pintar murales, se vinculan en las huertas urbanas, y dependiendo de la intención y la frecuencia es denominada el tipo de segmentaridad.
24. Joven líder afrodescendiente pintado en la pared de una casa del barrio

Figura 35. Mural impacto juvenil

Fuente: registro de trabajo de campo

Por otro lado, se identificó también una segmentaridad denominada como «dispersa», ya que se manifiesta cuando la práctica o la acción recurrente o la intención es necesaria. Dicho de otro modo, agrupa una necesidad por la cual fue manifestada. Esta segmentaridad es muy interesante porque vincula a los NNA, pero también a otras personas de los barrios, en este caso, líderes y familiares. Son un ejemplo, las huertas urbanas que nacen por una intención del grupo Impacto Juvenil con el aporte de otras instituciones externas; o cuando manifiestan «mantener a los muchachos en este cuento de la danza y de la música y el teatro es quitarles una persona a esos grupos, ellos se van a mantener ocupados con los otros...»[25]. Estas segmentaridades aparecen de vez en cuando y no se puede garantizar que un NNA permanezca en las huertas urbanas o los grupos juveniles.

Cuando aparecen iniciativas institucionales externas o creadas por la misma comunidad, como los encuentros culturales en Tokio, se orga-

25. Extraído de una entrevista hecha a un integrante del grupo juvenil.

niza y manifiesta una intención de construir escenarios de paz–paces que vinculan. Se generan a partir de una necesidad como el aumento de robos o actos delictivos y pueden desaparecer también. Por ejemplo, los espacios de cine o tardes de películas en el barrio permanecieron alrededor de un tiempo y luego no se volvieron a presentar. Lo anterior ocurre cuando las situaciones que motivaban desaparecen, cuando disminuyen las acciones violentas o porque el proyecto externo terminó, se desplazó la intención o no se tienen los recursos necesarios.

De igual manera, se lograron reconocer otras segmentaridades que hablan de procesos en el marco de prácticas colectivas e individuales. Estas se presentan cuando desde la práctica o la acción individual y colectiva moviliza la intención de otros, sin ser la intención directa de la acción. Entrevistas NNA de los barrios:

> Es como todo lo que nosotros trabajamos aquí mediante la danza [...], lo que se trabaja aquí en Tokio mediante el grupo que ellos tienen de Impacto Juvenil. Es en toda esa labor social donde uno quizá busca sacar a todos estos chicos y chicas que se encuentran sumergidos en un ambiente por así decirlo de zozobra de conflicto.

Allí se expresa la acción colectiva y también un impacto indirecto. Al respecto un líder comunitario opina: «Estos grupos existen como existe Formarte y ellos saben de los muchachos de danza de la fundación, como lo relaciona la gente, pero son totalmente aparte porque ni nosotros nos metemos con ellos ni ellos se meten con nosotros»[26].

Las relaciones entre estas prácticas describen la forma desde las acciones recurrentes de grupos juveniles; esto es, desde las acciones colectivas se moviliza una intención individual manifestada en lograr sacar a los chicos y chicas de los ambientes de zozobra y para establecer límites.

Son relaciones entre prácticas que agrupan acciones o actividades recurrentes entre quienes habitan el territorio, jóvenes o adultos, que

26. Entrevista a líder comunitario.

vinculan y movilizan a los NNA de los barrios y moviliza la intención de varias personas en el sector. Al respecto, un líder de Tokio opina: «Por ahí hay un parque o una canchita, hay un muchacho que es profesor de deportes y él tiene un grupo y se los lleva a entrenar; por ejemplo, ahora en estas vacaciones se vivió muy bueno»[27]. Desde allí se motiva a otros a participar de las actividades, como a los padres y otras personas del sector. Entonces, como relación línea o segmentaridad cumple la función de motivar la intención de otros.

Figura 36. Observación de los NNA, 2016

Nota: la fotografía fue tomada en uno de los primeros acercamientos a los barrios en el 2016. También es referenciada en la publicación *Representaciones sociales de paz y paces, caso Villa Santana* (Bedoya y Farfán, 2018).

Estas relaciones aparecen en las prácticas de los NNA en el territorio, constituyen y reconstituyen relaciones desde los micro y macro poderes en los barrios Tokio y Las Brisas. Se ubican entre quienes tienen el control territorial y están inmersas en el ámbito social, donde se encuentran

27. Este relato es de un líder del barrio Tokio.

los NNA conteniéndose o explorándolas; entrando en la dinámica de las relaciones de micropoder alrededor de la familia, amigos y otros. También entran a la dinámica de los macropoderes desde las estructuras criminales o desde el posicionamiento de una forma de ver las paces. No obstante, el sujeto toma una postura frente a la realidad por medio de las experiencias artísticas. Frente al tema, desde la organización Fundarte opinan: «No se sienten reconocidos e incluidos con la paz que es impuesta, que para ellos la paz es danzar». «Que la paz es algo extraño y se representa en el juego»[28]. Estas expresiones indican una posición política y una postura al respecto de su realidad, en donde identifican y también expresan un sentir con respecto a su realidad.

Es así, como la relación de las resistencias–violencias–paces constituye la posibilidad de resistirse a una idea de paz que no vincula a los sujetos, una idea de que la paz es tranquilidad sin reconocer su contexto territorial, pero con la cual se convive; es decir, se aprende a vivir, porque otras personas tal vez la representan. Los NNA no limitan su expresión para manifestarse al respecto de las prácticas de violencia: «... sabemos que hay una empresa, sabemos que es muy peligroso atacar esa empresa de frente, una empresa ilegal con todo el tema de microtráfico y delincuencia». En cuanto a la paz que se construyen en el territorio, dicen: «La paz vendría siendo como otra expresión, lo corporal, bailar». En ese mismo sentido, no se puede hablar de paz, se potencializa el hablar de paces, y más de paz territorial[29], acercándose al concepto de la construcción de paz a pequeña escala[30] o a la paz local.

---

28. Grupo de trabajo con los NNA de la organización Fundarte.
29. La paz territorial hace referencia a aquella que es construida en la dinámica territorial geográfica, entendiendo las diferencias contextuales del territorio.
30. La paz a pequeña escala es un término acuñado por Alejandro Castillejo quien lo dinamiza en la exploración de los ejercicios desde lo local, la vida cotidiana o las experiencias diarias de las personas que viven o han vivido el conflicto y ahora se mueven dentro del posconflicto colombiano.

> Si se quiere, la estetizan, en el sentido de abrirse a un registro plural de formas de ver, pensar, sentir, intuir e imaginar análogo al de las artes (la infinita gama entre estar quieto y moverse a la máxima velocidad posible, entre el amarillo y el negro, entre notas musicales y entre actuaciones creativamente improvisadas y aquellas que tienen altos niveles de formalización ritual). (Sáenz, 2014, p. 13).

Es decir, los NNA abren un campo de posibilidades al pensar y construir las paces. Exploran sus cotidianidades desde el arte, rechazando la muerte de Jhonny, reconociendo la participación en grupos juveniles, desde el mural, la música, la danza, entre otras. Exploran resistencias, tensiones y límites a las estructuras criminales, evidenciando la multiplicidad en el territorio.

Una inmensidad en tanto prácticas de resistencia a las diversas prácticas de violencia y prácticas de paz, donde no se sienten vinculados o atraídos, para salir del esquema o de las formas de gobierno de las cuales se ven convocados. Los sujetos buscan la forma de poder sentirse como son, donde ese contacto y experiencia con el otro potencie las decisiones que toman al respecto de la realidad del territorio; no solo es el acto delictivo, es lo que siente y motiva el realizar estas prácticas. Además de que los beneficios económicos motivan e impulsan la realización continua de estas prácticas. No es solo danzar, pintar y dibujar, es la decisión de expresar en la pared el sentir, la experiencia de sus acciones y lo que lo motiva a hacerlo.

4.2.3 La dimensión de las dos triadas: relaciones de multiplicidad en los niños, niñas y adolescentes desde la resistencia–convivencia y las violencias–paces

Las relaciones anteriormente mencionadas, insertas en las triadas resistencias–convivencias–violencias y resistencias–convivencias–paces, tienen efectivamente una connotación territorial y conexiones que fueron identificadas gráficamente. A través de la georreferenciación se ubicaron en los mapas de calor las prácticas y se identificaron visualmente las conexiones entre ellas.

Si se revisan detenidamente los puntos de la Figura 37, donde se intensifican los círculos más fuertes de color verde es donde se identifica la realización de prácticas delictivas o prácticas de violencias. Los puntos de color fucsia muestran los lugares donde las personas, especialmente los NNA, identifican resistencias y construcción de paces, a través de los murales y de las cartografías. Así se reafirma la relación entre la existencia de la violencia y las prácticas de resistencia. Lo interesante de estas particularidades son las evidencias de la resistencia, las paces y la violencia, entendiendo el nexo entre estas, tanto como resistencia o como convivencia, y ampliando así el estudio de la paz y de la violencia como asuntos que se relacionan. Se visualiza la dimensión de la violencia como parte del contexto, se acerca a esta desde el afuera; es decir, desde la percepción que se tiene del territorio, y desde el adentro, que es la realidad de los barrios.

Figura 37. Puntos de prácticas de resistencia–convivencia y violencias– paces

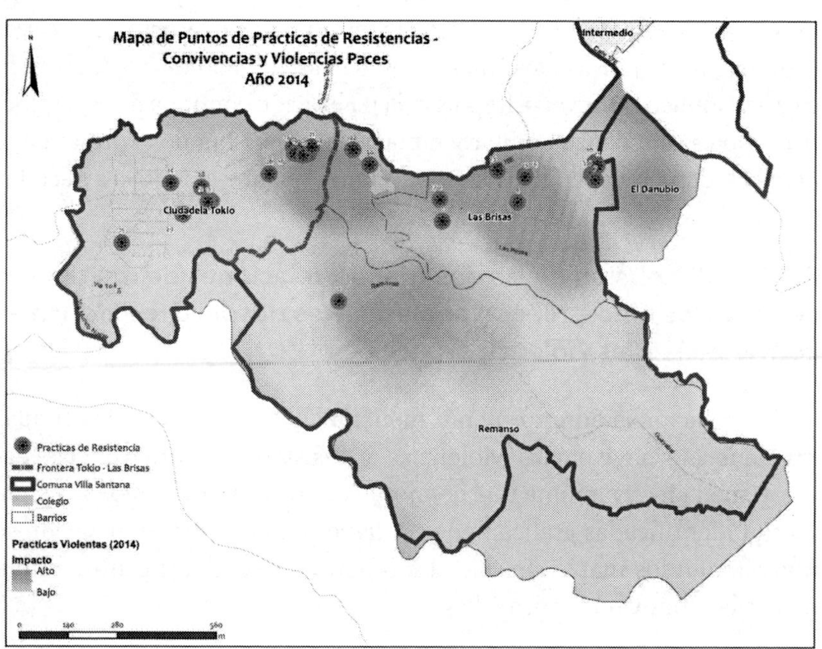

Continuando con el análisis de los puntos georreferenciados, en la Figura 38 se pueden observar los tránsitos que hace la resistencia–convivencia–paces en los puntos georreferenciados y cotejados por el Plan de Ordenamiento Territorial de Pereira (POT). Aquí precisamente se demarcan los murales y lugares de encuentro que se ubican en forma de relaciones, alrededor de los puntos donde se realizan prácticas delictivas o violentas y prácticas de resistencias y construcción de paces.

Figura 38. Relación líneas de resistencia–convivencia–paces

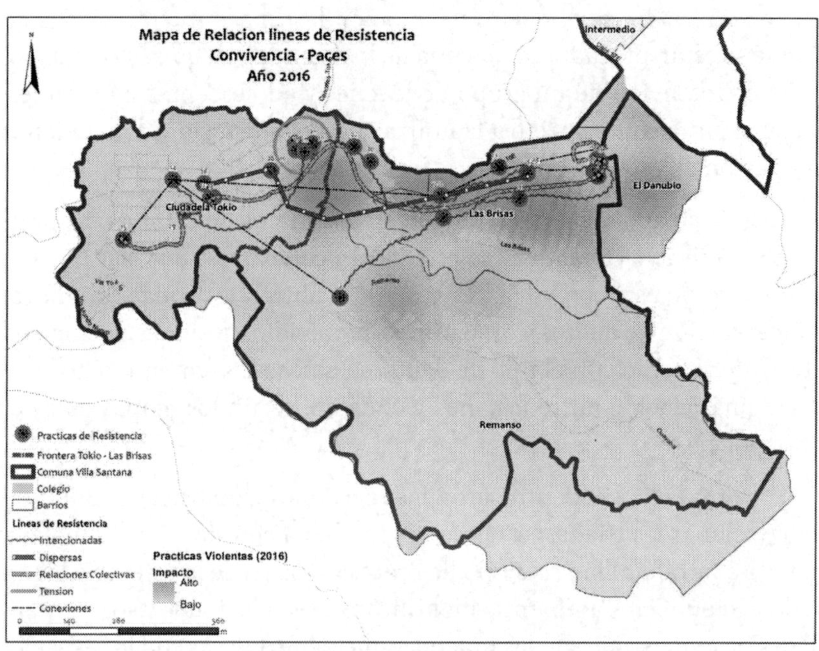

Además, se evidencia la intencionalidad de la experiencia de las prácticas identificadas en el territorio, lo cual se corroboró en las entrevistas, las cartografías y los murales, donde los NNA contaban el proceso de la realización del mural o dónde regularmente se reunían. Se trazó y marcó el tipo de relación construida en las prácticas; de esta manera, y con los mapas, se ubicaron las líneas o segmentaridades y las relaciones entre las prácticas, como se mencionó anteriormente, alrededor de las triadas donde se situaron las relaciones de acuerdo con la frecuencia de las prácticas. Las dispersas son aquellas en donde aparece y desaparece la práctica y la intención, pero agrupa la necesidad sentida y expresada, como se observa en el punto 28, ubicado como un lugar seguro, tranquilo o positivo; y el punto 24, en donde se agruparon ante la necesidad de manifestar la apropiación y el encuentro cultural del territorio, relacionándolo con actividades culturales y de baile.

Por otro lado, se encuentran también las líneas intencionadas en donde se están ubicados la mayoría de los murales, ya que estos responden a la intención de un grupo de jóvenes y adolescentes en manifestar su postura con respecto a la utilización del territorio y demandan la ocupación de este.

Asimismo, en la Figura 39 se ubican los puntos de calor de las prácticas delictivas y violentas y se establecen conexiones ente las líneas o segmentos de estas prácticas. Entonces, se ubican las zonas con mayor concentración de delitos, como hurtos, homicidios, lesiones personales, etc., y, de acuerdo con el tipo de delito, se ubica un segmento o línea; es decir, una relación entre los años y el delito, según los mapas de calor de la policía.

Por otro lado, se identificaron las relaciones expansivas resultantes de relacionar las triadas, estás corresponden a agresiones personales y maltrato intrafamiliar, este tipo de prácticas pasan de la esfera de lo privado a lo público. También se identificaron las relaciones y segmentaridades primarias, que son las prácticas que tiene que ver con los espacios geográficos, donde la concentración delictiva y negociación de estas es muy fuerte, esta corresponde a la línea amarilla.

Finalmente, la Figura 40 muestra la concentración de todos los segmentos de líneas de relación alrededor de las prácticas de resistencia–convivencia en el contexto de las violencias paces.

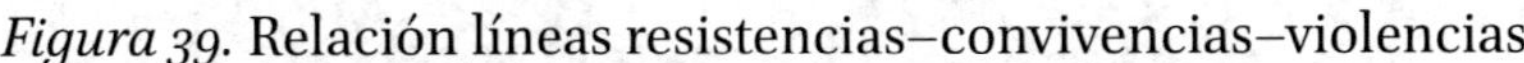

Figura 39. Relación líneas resistencias–convivencias–violencias

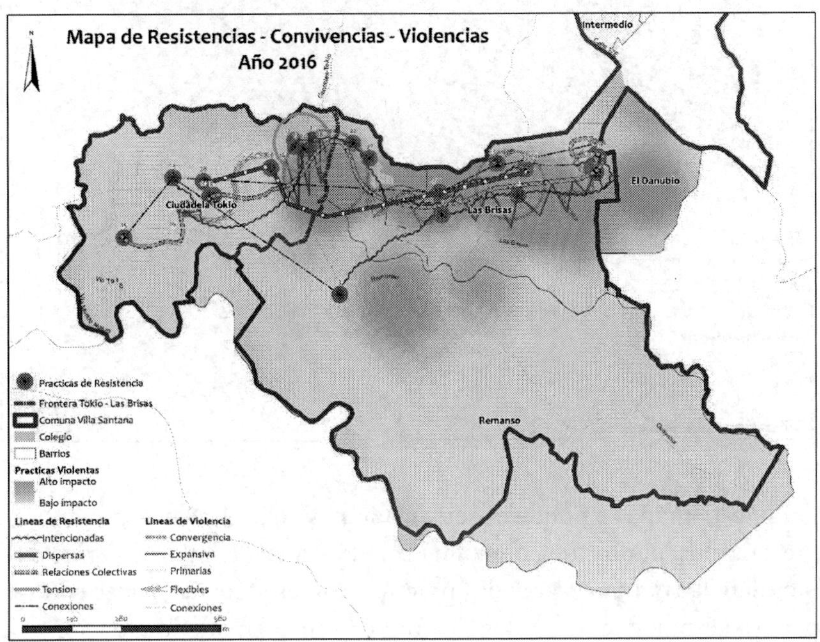

Figura 40. Líneas resistencias–convivencias en el contexto de las violencias paces

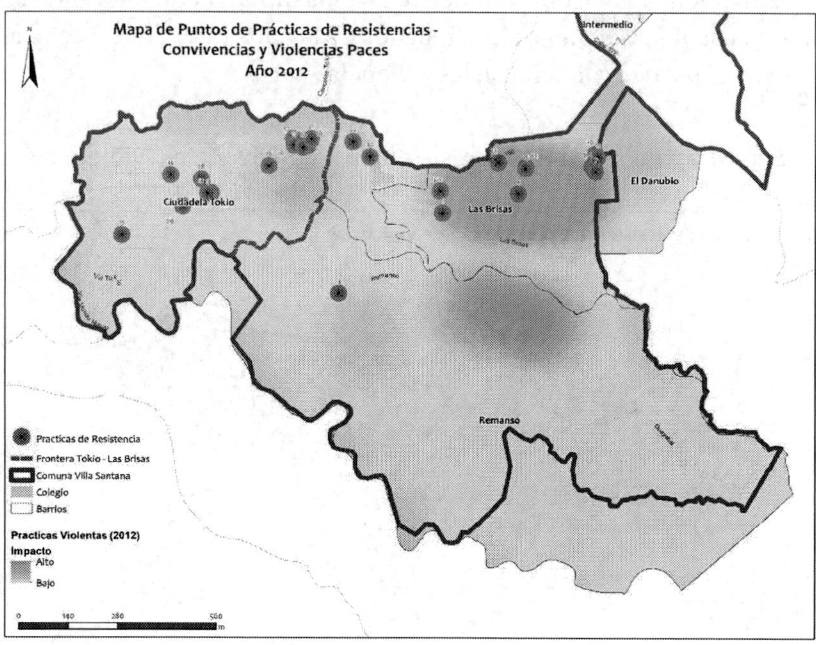

En este mapa se puede observar, además de las líneas/segmentos ya presentados, puntos de conexión entre los tipos de líneas y segmentos; también, la ruta que marca las prácticas de resistencias–paces con respecto a las prácticas de violencia. Allí se forman círculos de tensión y dinámicas puntuales en el territorio, que no solo afectan o movilizan a los sujetos, NNA, sino a todos los habitantes de los barrios Tokio y Las Brisas. Igualmente, muestra una expansión en el tiempo y la afectación a otros sectores de la comuna; por lo tanto, se identificaron conexiones entre las prácticas de resistencia–convivencia–violencia en ciertos periodos y esto mostró en el mapa unos puntos de concentración, un corredor. Estos puntos que salieron de los mapas de calor son precisados en las cartografías de los NNA porque nos muestra que existe una acumulación de prácticas violentas de intensidades, y desde allí es que nace la tipología de las segmentaridades.

En ese sentido, se encontró relación entre el microtráfico y los lugares de expendio expresados en las cartografías con lugares de hurto, riñas y homicidios. Se identificó que en los lugares donde se centraban esas prácticas de violencia también se concentraban prácticas de resistencia–convivencia–paces, como son la pintura de los murales; pero también se ubicaron las relaciones encontradas en las triadas; esto es, la conexión entre las relaciones colectivas e individuales y los puntos de prácticas violentas. Igualmente, se establecieron unas líneas de convergencias donde se hallaron encuentros entre las prácticas en el territorio.

Por otro lado, se evidenciaron las líneas de tensión entre las prácticas, en donde se manifiesta que los NNA no aceptan actos violentos como el asesinato de Jhonny, líder comunal del barrio Tokio, e identifican las estructuras criminales, que siguen realizando prácticas delictivas, como se puede observar en la Figura 43.

4.3 Movilización de las vivencias de los niños, niñas y adolescentes de los barrios Tokio y Las Brisas entre la resistencia–convivencia y las violencias–paces

La movilización de los NNA permite ubicar directamente sus prácticas y experiencias, en las que manifiestan las formas como viven sus experiencias. Esto los motiva y moviliza el contexto en donde habitan, transitan y viven. Movilizar es visto no solo como un proceso interior del sujeto, puede también tensionar o movilizar la realidad de otros con los actos. Es así, como la experiencia de las prácticas de resistencia–convivencia en el contexto de las violencias o de paces movilizan a los sujetos en un territorio. La Tabla 6 muestra diferentes prácticas y lo que movilizan.

Tabla 6. Movilización en las vivencias de los NNA

Movilización de los niños niñas y adolescentes	
Identificación de la práctica	**Moviliza**
Ellos no se meten con la comunidad, los pelaos inclusive nos cuidan y la verdad son hasta amigos de uno. Si uno no se mete en sus cosas, ellos con uno son súper sanos. ¿Si me entiende?, antes lo que ayudan es a que en el mismo barrio no roben. Con un amigo… entonces, ahí se agarraba mi amiguito con una travesti, entonces, yo mandé a traer una muchacha que manda acá en Las Brisas; sí, es de la Cordillera, bueno, sí, entonces, yo le iba a pegar al peladito cuando no se quiso bajar de la buseta y ya.	La presencia legitima de la violencia, en muchos casos permite su actuar. El sentido de protección y convivencia con las violencias, el interés de participar en las estructuras criminales. El desacuerdo de las acciones y las estructuras. Moviliza las tensiones presentes en las dinámicas barriales.
Traíamos un proceso anterior en que las mamás cogían a las niñas de 7 u 8 años y las llevaban. Había 2 señores que les gustaban las niñas, pedófilos, muy identificados. Entonces, en ese momento la gente denunciaba, pero es que no hay pruebas, no hay nada. Iban las señoras con las niñas y las llevaban donde estos tipos por 500 pesos o por un pan, por media panela.	Moviliza en los NNA la legitimación y adopción de prácticas violentas como forma de resistir y convivir con su entorno. Moviliza a los NNA, a los padres, a quienes utilizan el servicio y a quienes no están de acuerdo. Se generan tensiones frente a esa práctica. Los NNA adoptan esa práctica como parte de su vida, se hace normal el abuso y la prostitución.

Movilización de los niños niñas y adolescentes	
Identificación de la práctica	**Moviliza**
Lo va enrollando, así como un cigarrillo, después coge y le hace así con la lengua. Le dice el papá: ¿Y a usted, quién le enseñó todo eso? El que lo hace en el andén, él nos enseñó y él lo hace entonces.	Conocimiento de las diferentes realidades barriales de la comuna Villa Santana. En este sentido, moviliza otras prácticas violentas como el consumo y venta de sustancias psicoactivas, el querer vincularse a estructuras criminales y obtener beneficios económicos.
Todo lo que se trabaja aquí por medio de la fundación mediante la danza, lo que se trabaja aquí en Tokio mediante el grupo que ellos tienen de Impacto Juvenil, y es toda esa labor social donde quizá busca sacar a todos estos chicos y chicas que se encuentran sumergidos en un ambiente por así decirlo de zozobra, de conflicto. La que muchas veces no encuentran como vía alguna o solución alguna, cierto. Pero lo que se hace por medio de esa construcción de paz y paces es sacarlos y mostrarles como otras realidades y de que sí es posible ver el mundo desde otros lentes. Yo diría que es en el marco de la fundación porque es que la fundación lo que brinda es una disciplina, una posibilidad de trabajar, mejorar y fortalecer las capacidades.	Moviliza a los adolescentes que conforman el grupo donde, a través del interés colectivo, potencializan acciones para los demás NNA, mostrándoles otras realidades, evitando que se encuentren vinculados a entornos de conflicto, violencia y tensión. Por otra parte, moviliza la organización juvenil como resistencia a las dinámicas barriales. Moviliza la expresión de los NNA por medio de actividades artísticas, recreativas y deportivas. Forma una posición ética y política frente a la realidad del territorio.
Pasar con los amigos, no sentirse solo. Uno puede charlar, disfrutar y lo que más nos gusta es jugar y jugar. Hacemos las paces pidiendo perdón, dándonos la mano.	El juego moviliza la construcción de paz en los NNA, moviliza la forma en la que se relacionan con sus pares. Se generan espacios de conversación y conciliación. Por otra parte, identifican la intención del perdón.

Movilización de los niños niñas y adolescentes	
Identificación de la práctica	**Moviliza**
Danzar es algo pues que no le pasa a casi nadie [...] Definir qué tipo de persona y saber qué es paz interior y paz interna. La paz interior también es sentir tranquilidad que es lo que pasa al interior suyo y que pasa, y paz en una comunidad es no tener algún tipo de conflicto, porque no tiene que ser guerra, no tiene que haber una discusión con las personas; o sea, la cosa sería arreglar las cosas y poder hacer algo juntos. O sea, la paz no es saber si hay diferencia, si no que la paz es saber que la solucionamos.	Moviliza el sentir y la expresión a través del cuerpo, el reconocerse en la práctica como sujetos que construyen las paces. Moviliza a los NNA a resistir a las dinámicas barriales o realidades que se viven en el territorio. Los hace tomar posición frente a lo que es la paz.

Movilización de los niños niñas y adolescentes	
Identificación de la práctica	**Moviliza**
El fallecimiento de un compañero. Nosotros teníamos un grupo de rap, se llamaba Alma Negra y participábamos de otros espacios del festival y Jhonny, que le decíamos como el Chery, era digamos parte importante del grupo. Era muy buen amigo y pues él fue asesinado en las dinámicas barriales, sí. Y, pues, digamos como que después de ese momento nos hicimos conscientes del vacío que habían dejado esos grupos y la falta de espacios y la necesidad que teníamos aún de tener esos espacios y lo importantes que eran esos espacios en la comunidad. Sí, eh, nos brindaban, nos protegían, nos alejaban de ciertas dinámicas que en ese momento eran culpables de ciertos acontecimientos. Buscar el fragmento de la muerte de Johnny, digamos con el mural de Johnny era más como una necesidad de generar un recuerdo, de no dejar apagar la llama de Johnny. Sí, realmente Johnny era muy significativo para nosotros, lo sigues siendo a pesar de tantos años de fallecido, sigue siendo un referente para muchos, también del talento de la comunidad de los sueños, de las esperanzas, de la alegría de la gente y queríamos tener eso de Johnny. Era un personaje muy alerta, cada ocho días era un evento y recuerdo que la casa de Johnny era una de las casas que más utilizábamos para esos eventos porque queda al frente del parque o sea la casa donde está el grafiti es la casa de la mamá de Johnny.	La construcción del mural de Johnny movilizó la necesidad de dejar un legado en la comuna Villa Santana para recordar la llama de Johnny, un líder y referente. El mural de Johnny se convirtió en ícono y referente del talento, sueños, esperanza y alegría de la gente. Este mural fue elaborado en la casa de la mamá de Johnny como una manera de recordar que allí se hacía el encuentro de diferentes NNA, a ellos se les brindaba un escenario diferente y libre de violencia que reflejaba la alegría que los caracteriza como comuna. Por otra parte, la muerte de Chery movilizó a otros jóvenes a trabajar por los NNA de la comuna, atender sus necesidades y alejarlos de las diferentes dinámicas barriales violentas. Permite la expresión de los jóvenes, la necesidad de organizarse y el descontento por lo que sucede.

Movilización de los niños niñas y adolescentes	
Identificación de la práctica	**Moviliza**
El referente siempre de la alegría y nosotros no queríamos como que se apagará. Por eso el de vida se hizo en el marco de un proyecto y una época donde en la comunidad hubo muchos asesinatos, como en un lapso de dos o tres meses y recuerdo que habían militarizado el barrio y había un toque de queda. Sí exacto, eso si total nosotros éramos como los culpables, los reprimidos que no podían hacer nada. Entonces, hicimos esa actividad en un acto de rebeldía, hicimos ese grafiti, hicimos la gestión económica, hicimos un canelazo con antorchas y trapos blancos, todo un montaje para hacer sensibilizar también lo que estábamos peleando y quedó el grafiti.	La construcción del mural de «vida» surge en el marco de recordar a la comunidad la alegría. Fue una manera de resistir a los diferentes conflictos que se estaban viviendo en ese momento. La construcción del mural se acompañó de otras actividades como el canelazo con antorchas y trapos blancos para recordar y sensibilizar frente a lo que se estaba peleando en ese momento. Por otra parte, la construcción del grafiti «vida» fue una estrategia para potencializar las habilidades en los NNA frente al diseño y la construcción de grafitis. Moviliza también el reconocimiento de las dinámicas barriales y la resistencia a las formas de violencia presentadas. Identifican otras opciones de vivir en el territorio. Reconocen tensiones en el territorio y toman postura al respecto, como frente al poder y el control territorial. Potencia el reconocer las habilidades de expresión y decisión de los NNA.

Fuente: elaboración propia

Las principales movilizaciones identificadas en los NNA se ubican en el interior del espacio privado, ese espacio íntimo que tiene que ver con la forma como se constituyen como sujetos, con la capacidad de decidir y tomar posición al respeto de una situación específica. Los NNA se dan cuenta de que sus acciones/prácticas tienen una intención frente a la acción de otros, tanto dentro del contexto de la violencia o de las paces. Esto lo hacen por medio de la vinculación a estructuras criminales o a grupos juveniles. En estos dos casos, los NNA tienen la capacidad de decidir en qué tipo de contextos se pueden vincular y cómo manejar esa vinculación. Por ejemplo, cuando la niña decide hacer parte del grupo de danza o cuando decide organizar el grupo juvenil; cuando el niño, a partir de la experiencia que tuvo a los seis años, sabe dónde se distribuyen las drogas y quiénes son los líderes de la estructura criminal.

Los niños y niñas en estos contextos tienen la capacidad de decidir y se alejan de la connotación que tradicionalmente se le ha dado a «niño», «niña» y «niñez», desde la minoración que afirma que a esa edad no se cuenta con la capacidad de tomar decisiones al respecto de lo que pasa en su contexto o en su realidad próxima, porque son dependientes de un adulto que los representa. Hay que tener en cuenta que los NNA se ubican en su contexto y, adicionalmente, tiene unas prácticas recurrentes a partir de la experiencia de las personas con las que viven. Cuando el niño manifiesta que al sentarse a jugar con sus amigos del barrio los hace sentir tranquilo y que eso es la paz, representa una posición y una decisión particular. Asimismo, cuando deciden hacer parte de la estructura criminal, aunque la motivación venga de otro, ya tienen una experiencia construida de la dinámica de la estructura criminal, que les permite identificar lo que les ofrece el participar en ella.

Como se observa en la Tabla 6, las movilizaciones giran alrededor de unas prácticas centrales que contienen unas prácticas particulares, una de las más destacadas y a partir de la cual se potencializa la construcción de sujeto se da en la vinculación a la organización juvenil como posibilidad de construir multiplicidad desde las dinámicas propias de los NNA; son opciones presentadas y elaboradas desde el contexto que apuntan a la construcción de paces. Por otro lado, también se moviliza la motivación de los líderes comunitarios para organizarse frente a las situaciones que ocurren en el territorio; de allí que la movilización no es exclusiva de los NNA, puesto que proporciona intención en los demás habitantes de los barrios; es decir, dichas prácticas no solo magnifican lo individual, también apuntan a engrandecer lo colectivo; pero no siempre significa una trascendencia hacia lo colectivo, y no siempre significa contener la diversidad de singularidades, pero sí un campo de movilizaciones y relaciones alrededor en ocasión a las prácticas.

También, se identifica que la movilización de las resistencias en el contexto de las violencias permite la convivencia ante las prácticas delictivas, que involucran también a padres abuelos, tíos, vecinos, amigos, etc. Y, en esa misma dinámica, se encuentran opciones, como por ejemplo: las huertas urbanas y los encuentros culturales, como espacios construidos de forma dispersa que vincula un segmento de relaciones creadas con la intención de relacionar culturalmente a los habitantes de los barrios. La construcción de los murales, el leguaje expresado para plasmar la vida, la familia, las manos juntas, los colores, las plantas, etc. son determinantes en la expresión ético–política de los NNA. Muestra que la práctica además de expresar el sentir y el pensar de los sujetos, también permite que estos se constituyan a sí mismos, desde su encuentro personal en este espacio, como es el encuentro con el otro, allí se evidencia un detonante de saber local y barrial, de saber propio.

Asimismo, cuando se decide legitimar la presencia de una estructura criminal porque es la única forma de sentirse respaldado por una relación de poder y de control o una relación legítima; o cuando la práctica moviliza las metas de los sujetos hacia: «Esto me da para vivir bien»[31]. Esa es la realidad, que para algunos es vista como una posición deplorable; para otros, es la salida, y para otros, la meta. Se diría que son escenarios dicotómicos, pero las realidades en el territorio son variadas y muestran resistencias y tensiones como un lugar de multiplicidad donde se proyectan las decisiones que forman. Es decir, allí en ese campo de relaciones, donde está la tensión de lo vivido, que expresan relaciones de poder, por ser y participar, tanto de una expresión, acción o práctica, se encuentra una construcción de saber, saber local, saber qué forma un sujeto, saber que devela lo pedagógico de lo cultural de lo urbano, de lo cotidiano y de la práctica.

---

31. Comentario de un habitante del barrio.

Capítulo V

5. Discusión: tejer en el contexto: una apuesta desde la cotidianidad

Lugar de las relaciones de las prácticas de resistencia-convivencia en las niñas, niños y adolescentes

La construcción de este último capítulo de la investigación lleva consigo la responsabilidad de poder concretar las intenciones iniciales desde donde se proyectó la misma. No se pretende construir una teoría de las relaciones presentes en las prácticas de resistencias– convivencias en el contexto de las violencias–paces, pero sí proponer una experiencia concreta, leer la realidad y construir un avance que analiza las prácticas de los sujetos, en este caso los NNA de la comuna Villa Santana a la luz del contexto local y territorial. Es así como en este apartado se exponen los aportes que resaltan la comprensión de las prácticas para la producción de saber, un saber que desborda lo formal o institucionalizado y se enfrenta con el saber producido desde el sujeto y desde la estética misma de las prácticas.

Las principales características de esta investigación se centraron en evidenciar las relaciones que se construyen, tensionan e identifican alrededor de las prácticas de resistencias–convivencias en el contexto de las violencias–paces en las vivencias de las NNA del barrio Tokio y Las Brisas de la comuna Villa Santana en Pereira. Se analizó la multiplicidad de prácticas y se resaltó también la necesidad de acercarse a las producciones de saber que distan de los contextos institucionalizados o normativos. En otras palabras, se buscó un acercamiento a las distintas subjetividades que se construyen en el territorio, que marcan y definen la subjetividad de los NNA como forma de vivir en su espacio geográfico, que tensionan justamente ideas preconstruidas de los barrios Tokio y Las Brisas como sectores negativos, cuando no se han explorado las dinámicas que se dan al interior de este.

Indagar el tipo de relaciones que están presentes en las prácticas de los niños niñas y adolescentes de los barrios Tokio y Las Brisas requiere partir de reconocer la existencia de posibles prácticas relacionales, que están conectadas y no se pueden tratar aisladamente. Es necesaria la intención de problematizar en el terreno cómo estas prácticas van marcando un tipo de relacionamiento y de vínculos que involucran a niños, niñas y adolescentes en una forma particular de constitución del sujeto, produciendo tipos de segmentarización de la vida, que se manifiestan como opciones formativas en los contextos de sus realidades políticas, culturales y sociales, y que hablan en concreto sobre el actuar de otras ciudadanías en el margen. En este proceso se mostraron los segmentos de vida desde donde se construyen, allí donde se vive, el ahora que resaltan ciertas prácticas, que están del lado de la incertidumbre de los sujetos y que presentan posturas contundentes alrededor de la violencia y la paz.

5.1 Líneas, segmentaridades y conexiones entre las resistencias–convivencias y las violencias–paces

La concepción de las resistencias que encontramos e indagamos en esta investigación está ligada con la construcción de las relaciones de poder[1] que plantea Michel Foucault, quien resalta, justamente, que la resistencia no puede ser pensada desde un ambiente externo a las relaciones de poder, porque se contiene y de esta manera permite que se construya e identifiquen las relaciones que se producen al estar en rela-

---

1. Las relaciones de poder son manifestadas en nuestras vidas cotidianas, sin estar directamente vinculadas a las normas o reglas. Estas relaciones están presentes en cada vínculo que construimos o establecemos y no se podrían calificar exclusivamente como buenas o malas, pero sí que se ejercen control unos sobre otros y no tienen un rol determinado en el sujeto, lo que determina que son flexibles y que están conectadas con el saber, siendo este último un saber particular, en este caso del territorio.

ción entre diversas categorías relacionales. Por ejemplo, las prácticas de resistencia–convivencia en las violencias–paces en el marco de dos triadas resistencias–convivencias–paces, resistencias–convivencias–violencias permitieron precisar esas relaciones que no son vistas desde una concepción dicotómica, donde la resistencia responde a un efecto de la intención de un control específico; puesto que las relaciones y la forma de actuar de los NNA se centra en las dinámicas que se dan en el marco de sus prácticas como sujetos que desbordan la connotación de lo negativo, y presentan la tensión o relación entre las formas como conviven estas categorías. Se vislumbra que no se puede entender la violencia y las paces desde posturas antagónicas, contrarias y que cada territorio dentro de su multiplicidad presenta formas de resistir y de convivir con las prácticas de paces y de violencias.

Las relaciones resistencias–convivencias están conectadas y se mueven alrededor de las prácticas de violencias–paces; esto es, hay una producción de prácticas violentas que se relacionan con las prácticas de resistencias y convivencia, que en su actuar manifiestan resistencias y convivencias en relación con la violencia. Consideramos que la misma situación se presenta con las prácticas de paces, que se tensionan entre sí alrededor de la construcción de paces propias y aquellas que son impuestas socialmente. Las paces propias las tramitan los NNA a través del arte, además están en sus experiencias cotidianas, frente a las que toman una posición. Es una relación que no se basa exclusivamente en una obra artística, sino en la esencia misma de la experiencia a partir de la vivencia en el contexto donde los sujetos generan su propia producción[2].

2. La producción propia se da presentando otras posibilidades desde donde se forma el sujeto, con la experiencia cotidiana, y donde el arte o sus producciones manifiestan formas pedagógicas de aprender en el territorio, ya que desde estas expresiones se conoce qué piensan de su realidad. En ese sentido, la experiencia de la producción artística o estética de los NNA se convier-

Desde esa perspectiva, se reconocen las conexiones entre las prácticas de resistencia– convivencia con las violencias–paces, es decir, que estás se pueden ver ligadas unas de otras, además, permite valorar las diferentes relaciones encontradas. Se hace un quiebre a esa separación de lo bueno y lo malo. Y de forma categórica se configuran dos triadas: las relaciones entre **resistencias–convivencias–violencia** y las relaciones entre **resistencias–convivencias–paces**; en estas triadas se encontraron tres relaciones contenidas entre sí, permitiendo comprender la violencia y las paces relacionadas unas con las otras. En este sentido, muchas de las prácticas de resistencia encontradas producen cierta tensión a la resistencia presentada en las prácticas violentas, pero también a la forma como se presentan las prácticas de paces en las que no se sienten identificados.

Lo importante de poder revisar estas prácticas desde las dos triadas, como realidad de la investigación, es el hecho de que no se fragmentan las relaciones identificadas entre ellas. En otras palabras, desde la relación de estas dos triadas fue posible reconocer las segmentaridades y procesos de los NNA alrededor de las **resistencias–convivencias–violencias** y también desde las segmentaridades compuestas por líneas que flexionan y tensionan las relaciones entre las resistencias–convivencias–paces. Así como se encuentran tensiones alrededor de las paces también las hay alrededor de la violencia.

Para las relaciones de las prácticas de resistencias–convivencias–paces se identificó una relación construida desde líneas o segmentos. En este proceso se retomaron los planteamientos de Deleuze y Guattari (2004), quienes manifiestan que las experiencias vividas de los seres humanos están inmersas en constantes procesos, en tanto se termina uno se pasa a otro, y es a través de esos procesos vividos que se fortalecen diferentes tipos de conexiones, denominadas segmentaridades. Esta

te en una herramienta de producción de conocimiento, pero también de producción del sujeto, puesto que manifiestan sus procesos de aprendizaje.

mirada se trabajó en el caso de los NNA; entonces, según la capacidad de identificar las relaciones con respecto a las segmentaridades de las prácticas de resistencias–convivencias, violencias–paces en los barrios Tokio y Las Brisas, ubicamos en la investigación la forma como se afectan las relaciones al interior de cada triada, lo que permitió determinar el movimiento entre líneas y las relaciones de conexión en el territorio y el contexto. Esta propuesta nos permitió revisar las condiciones de las experiencias vividas y la complejidad de las dinámicas presentes alrededor de las violencias y las paces, materializadas a través de las prácticas.

La tríada en la cual se ubican las relaciones de las prácticas de resistencias–convivencias –paces se encuentra mayormente en la producción artística, específicamente identificada por los NNA como espacios y lugares positivos; caracterizada por las principales producciones, entre las cuales se encuentran grafitis, murales y la participación en grupos de danza y grupos juveniles. Estas producciones estéticas nacen de la experiencia de vida en el territorio que recrean las prácticas como formas de propiciar la construcción de subjetividades. En el marco de las paces y tensión a las violencias se resaltan producciones cargadas de sentido y se reafirma que en la dinámica de las paces aparecen expresiones artísticas como formas de experiencias singulares y sociales de pensamiento y construcciones políticas en torno a las realidades de los sujetos.

Alrededor de estas producciones se establecen tres tipos de segmentaridades como expresiones de relaciones que están directamente conectadas con procesos vividos por los NNA. En cada segmentaridad donde se ubica un NNA se manifiesta una producción de saber, que desde la experiencia de las situaciones propias de su territorio se materializan a través de una práctica, que deja un aprendizaje en el sujeto, pero que además constituye la intención y la posición que toma frente a la realidad vivida en esos lugares, escenarios y espacios territoriales, etc. Se manifiesta, entonces, relaciones de poder que marcan un recorrido o un proceso vivido con una intención expresada recurrente del NNA.

Desde allí es desde donde se ubican las **segmentaridades intencionadas**, planteadas en el capítulo anterior, que tienen que ver con la intención del acto. Estas segmentaridades intencionadas son relaciones que están constituidas directamente con la intención de la acción inmediata; es decir, la intención de la práctica que intenta movilizar un acto de violencia manifiesta, una relación que tensiona, acepta y se resiste a la práctica de violencia; se expresa a través de la práctica del mural o de la expresión del NNA. Hay que señalar que existe multiplicidad de resistencias y que la intencionalidad de estas, así no sean directamente conscientes y evidentes, trazan una movilización en el sujeto.

En ese sentido, esas relaciones encontradas en las prácticas de resistencia de los NNA de los barrios Tokio y Las Brisas, además de ser prácticas de libertad,[3] se ubican dentro de las prácticas que expresan la experiencia y la intención, sin importar la edad o si pertenece a un proyecto ético–político. En otros términos, el NNA es consciente de la intención de su acción y desde allí puede ejercer tensión al respecto de alguna actividad, situación o práctica de resistencia y tener una posición de lo que pasa en su experiencia cotidiana, que además vincula a su familia, a su entorno cercano y al contexto.

Entonces, dicha práctica y las relaciones al interior de ella se caracterizan por presentar manifestación de dependencia y obligación que se imponen alrededor de los círculos de violencia y paces. Pero desde allí se crea cierta segmentaridad que gira alrededor de una práctica intencionada, consciente o no consciente, pero se puede decir que es una

3. Las prácticas de libertad, según Michel Foucault, son un conjunto de procesos a través de los cuales se logra un proceso de liberación y que en sí ocurre sobre el sujeto, «cuando un pueblo colonizado busca liberarse de su colonizador, se trata de una práctica de liberación en sentido estricto. Pero ya se sabe que, incluso en ese caso, por lo demás preciso, esta práctica de la liberación no basta para definir las prácticas de libertad que a continuación serán necesarias para que ese pueblo, esa sociedad y esos individuos puedan definir formas válidas». (Foucault, 1999, p. 394).

práctica liberadora, que, aunque no lleve el título de lo ético, determina una acción política y una producción estética del sujeto. Cuando se identifica la intención del sujeto, este puede decidir y tomar posición frente a su realidad, se manifiesta a partir de la palabra, la expresión, el arte y sus acciones, estas formas se identifican en este contexto específico como práctica de resistencia.

Las segmentaridades tienen gran importancia en esta investigación; emergen en la forma como actúan y se generan las relaciones que se indagaron. En el caso de las **segmentaridades dispersas** en relación con las prácticas de resistencia–convivencias–paces se identificó que se encuentran ubicadas entre las entidades y manifestaciones en el territorio; su particularidad se centra en que aparecen y desaparecen recurriendo a la búsqueda de las necesidades de los NNA. Como prácticas están determinadas por la intención que le acompaña, en su dispersión refleja una dimensión política y de constitución del sujeto, refleja las respuestas de los NNA con respecto a lo que pasa en el contexto. Aquí los sujetos participan de acciones precisas, marcan su posición, regularmente a través del arte. Es preciso mencionar que, aunque estas prácticas no sean recurrentes para constituirse y dejar de ser simplemente una acción, tienen una intención en el mensaje o en la acción misma y las relaciones que establece.

Cuando los NNA se agrupan para la construcción de un mural, allí hay una intención específica, aunque esta práctica de resistencia se tarde en volver aparecer si retocan el mural o pintan otro; en todo caso, se constituye en una práctica recurrente porque siempre en la expresión del mural se encuentra la intención. En ese sentido, no se quiere decir que con la denominación de dispersa no tenga una intención en la acción o sobre ella, sino que expresa la relación que tiene con otras acciones y prácticas desarrolladas en el territorio, en el contexto y en el sujeto; son manifestaciones, escenarios y situaciones específicas en donde aparece y reaparece la intención de las prácticas de los NNA.

Es así, como esta segmentaridad dispersa emerge de las experiencias cotidianas que construyen y reconstituyen el sujeto, involucrando ya sea a familiares cercanos u otras personas del contexto; permiten a ese NNA tomar decisiones sobre la realidad de su territorio, manteniendo la ocurrencia de la relación dispersa entre la segmentaridad o proceso por el cual va transitando. De esa manera, se puede reconstituir en una práctica regular sobre sí, porque se dimensiona en otras intenciones distintas a las intenciones iniciales, recreando la posibilidad de convertirse en una práctica que no es motivada sobre sí misma, pero que puede proyectarse desde otros y convertirse en una segmentaridad intencionada.

Por último, en el marco de esta triada de resistencias–convivencias–paces se identifica otra segmentaridad o relación, caracterizada directamente **por relaciones colectivas e individuales**, estas tienen una intención muy interesante; sobre todo cuando se tocan los hilos de la subjetividad en la acción y la práctica que moviliza a los otros. Esta relación de segmentaridad en su motivación recrea la subjetividad y la subjetivación, es decir, los niveles de intención y emoción que están presentes en una práctica; entonces, la motivación individual o colectiva se realiza a través de acciones colectivas donde intervienen los otros que no afectan la acción o la práctica. Un ejemplo claro es el grupo Impacto Juvenil que, en su constitución, además de tener la intención como organización de los jóvenes y de trabajo en comunidad, realizan actividades o prácticas en el territorio que apoyan el proceso formativo de los NNA, promoviendo la participación de otras personas de los barrios. Detrás de la intención de la práctica del grupo Impacto Juvenil se moviliza la intención de otros, una intención grupal o individual que aporta a un proceso de transformación o autotransformación del sujeto.

Aquí se identifica una relación construida a partir de los discursos formados por los NNA en el territorio, que involucra sus prácticas, pero también configura una relación con lo interno; es decir, con lo que pasa en el territorio individual, personal o más íntimo y su relación con el ámbito geográfico de su barrio; mientras que en lo externo se expresan prácticas a partir de dinámicas propias del territorio. Existe una relación interna/externa en el territorio, entre quienes realizan la práctica y quiénes son movilizados por la práctica, aunque no estén presentes. Por ejemplo, en las prácticas de resistencia desde las experiencias artísticas se dinamiza o motiva la realización de otro tipo de prácticas donde interviene la familia, el tendero, la profesora, etc. De esta manera, están quienes participan directamente de las prácticas de resistencia–convivencia con la violencia o las paces y quienes viven en el contexto territorial que también llevan o marcan unas prácticas que los hace parte del territorio y también lo configuran.

Alrededor de las relaciones entre las prácticas hay una producción de saber que se encuentra vinculada con la forma en que el NNA se constituye fuera del escenario normativo que tiene en la escuela. Aquí se presentan unas dinámicas que delimitan o motivan formas de actuar expresadas a través de la práctica y de la experiencia del NNA, denominadas prácticas de libertad. Al respecto Foucault (1999) dice:

> Se trata de lo que cabría denominar una práctica ascética, dando a la palabra «ascetismo» un sentido muy general, es decir, no el sentido de la moral de la renuncia, sino el de un ejercicio de uno sobre sí mismo, mediante el cual intenta elaborarse, transformarse y acceder a cierto modo de ser. (p. 393)

Es decir que la producción de saber se construye en el territorio como un saber propio, pero además es un saber que emerge de la experiencia vivida en el contexto cotidiano en el que se involucran la institucionalidad, las relaciones con el otro, las relaciones de libertad. Sáenz (2014) plantea que el «saber sobre sí» para buena parte de las sectas filosóficas se trataba de buscar y de lograr la sabiduría proporcionada por las prácticas, estas que no eran perfeccionadas por un proyecto ético–político, pero que sí pretendía movilizar contingencias. Esas relaciones colectivas entre ellos, también moviliza una contingencia del yo personal, es decir, «un saber táctico de sí en un escenario plural de concepciones del sujeto» (p. 39).

Entonces no se habla de una práctica de sí, pero sí de una constitución del yo, un yo individual pero colectivo, donde la acción del otro interviene en la forma y la decisión desde la cual yo me ubico en mi realidad, que moviliza un contexto y un territorio. Así, estas relaciones construidas se desenvuelven en el marco de tensiones y movilizaciones al interior de las prácticas cotidianas de los NNA, a través de las expresiones, las producciones artísticas, las producciones estéticas, plurales y colectivas, y para el caso, en los barrios Tokio y Las Brisas, el grafiti y el mural que son muy representativos.

Las prácticas que tensionan también producen resistencia, en el sentido en que una resistencia convive y se produce en el marco de la violencia; además esta tensión también se presenta desde las paces, cuando se trata de prácticas que hacen contención a las violencias. En otras palabras, estas prácticas rechazan las formas presentes de violencia, e igualmente, puede hacer contención a las paces que no agrupan las necesidades o realidades del territorio; por ejemplo, las que se trazan por medio de la delimitación de fronteras invisibles, que son conocidas en el lenguaje del territorio, son limites alrededor de las prácticas de violencia y tensiones con respecto a las prácticas de paces. La multiplicidad de expresiones manifiesta el sentir, producto de contraposiciones y encuentros entre todas las prácticas, estas están inmersas en segmentos de la experiencia cotidiana de los NNA.

Según Molina y Valderrama (2007), citados por Núñez (2015), la resistencia es una vía hacia el trámite de los conflictos que se caracteriza en tanto rechaza la expresión de la violencia, procura el respeto por la vida generando opciones éticas por la integridad de las personas y la valoración de la cultura. Las expresiones que se configuran como tipos de resistencia civil se dirigen a situaciones específicas y no a actores determinados, porque se evidencian manifestaciones de estados de dominación y conflictividad que vulneran y tensionan situaciones de libertad y de justicia (Cataño, 2015).

Consideramos que las apropiaciones que se realizan desde la resistencia señalan una relación que permite crear diferencias ante el ejercicio de la injusticia y la vulneración de los derechos. Sin embargo, lo que se identifica en el contexto particular del territorio y de los barrios Tokio y Las Brisas con referencia a estas resistencias es que existen dinámicas que se presentan al interior de las relaciones de poder. Bien lo decía Michel Foucault: se producen resistencias moderadas, livianas, ligeras, etc. De estas se pueden encontrar multiplicidades; en el contexto se localizan resistencias diversas y particulares contenidas en el marco de las relaciones de poder, que se configuran y se reconfiguran con los movimientos propios del territorio. Esta multiplicidad de resistencias pretende hacer visible el papel que juegan los NNA, que es determinante, aunque no exclusivo, según el tipo de vinculación que se tenga con las estructuras criminales. Lo que produce formas de ser, que van más allá de la idea de control y de poder establecida.

Es así como se habla de una resistencia a las formas de control y de poder legítimo, que permite que se posicione otra relación de poder y control con la presencia de las estructuras criminales. No se trata de darle valor de importancia a la presencia de las estructuras criminales, que son gestoras de gran parte del conflicto y de las prácticas violentas presentadas en los contextos, pero sí se pretende hacer un llamado al reconocer la realidad de los NNA, puesto que construyen y generan vínculos por medio de diferentes relaciones y prácticas que emergen producto de la tensión de las expresiones de poder.

Los NNA expresan formas de resistencia a las prácticas legítimas de control cuando estas no visualizan las dinámicas que son propias de su territorio, cuando es evidente la ausencia del Estado y se termina promoviendo la posibilidad de vincularse a otras formas de poder, en este caso, estructuras de poder no legítimas y violentas que deterioran el respeto por la integridad de la vida. En el contexto de este territorio esta situación es constitutiva de formas de resistir a un poder legítimo institucional, estatal o gubernamental con el que no se sienten identificados en su contexto. Buscan otras herramientas que hace que surjan las estructuras criminales, también como multiplicidad de formas de resistir. Se hace justamente un quiebre a la resistencia activa, nombrada desobediencia civil. De acuerdo con Marcone (2009):

> Desobediencia civil (otras veces denominada resistencia pasiva) que puede adoptar formas violentas, además de ser justificada solo como medida extraordinaria para restablecer el orden democrático en general, cuando éste se ha perdido; no como mecanismo cotidiano de influencia en las deliberaciones y toma de decisiones políticas dentro del orden democrático. Los movimientos y las manifestaciones que aquí he mencionado apelan a la «resistencia civil» (a la que para evitar confusiones he preferido denominar en este trabajo «desobediencia civil»), no a la resistencia activa (esto es, a un movimiento armado revolucionario). (Marcone, 2009, p. 42).

Las resistencias que se describen en esta investigación nos permiten hablar de una resistencia que usa las prácticas de violencia como una posibilidad de prácticas de libertad, que se manifiestan como posibles opciones de desobediencia o resistencia civil, que promueve la participación en las estructuras criminales; pero que también denotan un cambio, expresan los vacíos ante las necesidades enmarcadas en las líneas subterráneas de los territorios. Existen formas muy similares en otras realidades del territorio colombiano, para el caso particular, ocurre en lo profundo de la dinámica de un barrio y sector dentro de una ciudad.

Desde este planteamiento, en donde las resistencias se presentan como multiplicidad, se retoman las líneas, las tensiones y las demarcaciones de las prácticas violentas, que son geográficas, físicas y sentidas y que tienen que ver con la presencia del narcotráfico, los usos del territorio y las prácticas violentas en las relaciones familiares y con amigos. Para esta investigación se ubicaron y relacionaron como segmentaridades, que evidencian formas de expresar, radiografías del territorio en tanto que se promueve el uso territorial y el dominio de los barrios como parte del ejercicio de control, pero también, como parte de la expresión misma de la dinámica barrial alrededor de la convivencia. Por lo tanto, desde expresiones como esta se puede comprender la ubicación espaciotemporal de las prácticas violentas en las segmentaridades y los proceso que se dan alrededor de la resistencia en los barrios Tokio y Las Brisas. De acuerdo con el tipo de intención y de regularidad de las prácticas en el tiempo y el espacio se evidencia una movilización y un proceso demarcado como segmentaridad, que muestra la realidad territorial.

Una de las segmentaridades encontradas en la primera **triada resistencias–convivencias–violencias** son las **relaciones o segmentaridades expansivas**, en las cuales se reafirman prácticas que sobrepasan fronteras de la esfera de lo privado a lo público o de lo público a lo privado, con manifestaciones como el abuso, la violencia de padres a hijos, el consumo de drogas y el uso de la violencia en el marco de este consumo. Este tipo de relaciones muestran que el hecho de manifestarse un tipo de práctica en un escenario privado tiene la capacidad de ser reproducida en la esfera pública, detonando la importancia que se le da a lo público. Lo interesante en la dinámica de esta relación es cómo se convive al interior del territorio con la presencia de estas prácticas, además de que son reconocidas y en la mayoría de los casos toleradas, dejan una línea de posibilidad de que lo privado se vuelva público y que los actos de violencia públicos se reproduzcan también en los escenarios privados, dando cierta legitimidad, por ejemplo, al consumo de sustancias psicoactivas, robos, delincuencia, entre otros.

Desde la perspectiva analítica, además de que se identificó la existencia de **segmentaridades flexibles**, se encontró que estas permiten una relación directa con la convivencia, que juega un papel de negociador. En estas relaciones muchos de los sujetos en el territorio y también los NNA están de acuerdo con los tipos de violencia, pero reconocen los límites del territorio, haciendo de la violencia un escenario cotidiano; se sabe que están allí, reconocen la presencia de estructuras criminales, identifican los lugares donde no se puede estar y utilizan espacios territoriales con varias funcionalidades, se expresa un saber del territorio, una información que forma al sujeto, en cuanto a donde ir a quien acudir, con quien hablar, donde se encuentra la tensión sobre el otro y quien lo puede ayudar. En ese sentido, se hace flexible porque contiene una relación directa de convivencia con otras prácticas.

En estas relaciones se evidencia una convivencia con la violencia, se hace natural la presencia de las estructuras criminales, los lugares de expendio de drogas, las rutinas de cobro de los gota a gota. Además, se sabe y se reconoce que dentro de las funciones de esta violencia está la entrega de sustancias alucinógenas y el cobro de asuntos pendientes o extorsiones. En muchos casos la relación con la violencia es permisiva, a veces saben que está allí, pero dejan que circule una convivencia donde no se tenga nada que ver con el otro, aunque se sabe que permanece allí, donde se establecen fronteras y límites que permiten la circulación de cada grupo en el territorio, ya sea grupo delictivo o grupo comunitario.

Se consideraron otro tipo de **segmentaridades primarias** que permitieron reconocer el tipo de relaciones de resistencias–convivencias, que se dan alrededor de la violencia, y además sirvieron de ayuda para analizar la relación entre las prácticas, como esa elaboración propia del territorio que aparece reafirmando la violencia y permitiendo que permanezca. Es decir, son aquellas prácticas que tratan de negociar la presencia de la violencia con el dominio territorial y con otras ideas, formales, aunque no aceptadas de violencia y de paces. La negociación de conflictos y asuntos barriales se hacen resolviéndolos a través de la participación de las estructuras criminales, aquí influye fuertemente el control que ejerce la estructura criminal y lo deslegitimado de la figura estatal. Estas relaciones que producen y reproducen violencia en donde aparece el abuso de poder y de la fuerza son productoras de acciones y prácticas que mantienen particularidades y características como el miedo, el dolor y la amenaza; y siguen allí, aunque no sea visible su presencia y conexión con las personas del sector, y aunque en el escenario de su constitución cambien y circulen de forma diferente, es decir, que cambien la fachada, la forma de operar o el nombre de la estructura criminal (Cordillera, Los Rastrojos, etc.) o como son considerados.

Es importante mencionar que, además de las dinámicas propias de los dos barrios alrededor de estas prácticas, se identificaron conexiones con otros barrios de la ciudad, según como funcione la estructura criminal. Estas conexiones lo que advierte es que estas prácticas no son únicas de los barrios Tokio y Las Brisas, pero sí manifiestan de primera mano que las estructuras criminales las presentan y legitiman como formas de vivir y habitar en el territorio, por eso permanecen y establecen una conexión y una forma de operar que devela dinámicas parecidas en otras partes de la ciudad, pero manteniendo la particularidad de su barrio.

Por otro lado, se destaca un aspecto muy interesante alrededor de este tipo de segmentaridades que se dan al interior de la triada resistencia–convivencias–violencias, y es el hecho de que aparecen las líneas de violencia territorial, que se ubican en una zona o corredor específico y son recurrentes a través de los años. Sobre esos puntos específicos o corredores que conectan los barrios Tokio y Las Brisas son frecuentes las prácticas de violencia, como homicidios, hurtos, lesiones personales, etc., lo cual permite identificar una relación entre estas prácticas y el dominio del territorio, indicando que hay una apropiación alrededor de los hechos de violencia y un saber producido alrededor de esas prácticas. En medio de esta situación se demarca una connotación importante al punto de control, como el lugar reconocido donde se realizan prácticas de violencia; situación que favorece la expansión de estas a otros sectores de la comuna y que representan un dominio territorial persistente. Esto resulta importante porque se logran reconocer esos lugares donde hay presencia de violencia y, asimismo, la relación de estos lugares o corredores específicos con la presencia de prácticas de resistencia.

Este tipo de hechos repercute en los niños, niñas y adolescentes porque en cada generación se reproducen las influencias de estas prácticas de violencias, mostrando que esa relación de poder y control territorial es tan fuerte que se convierte en parte de un ciclo de formación y reiteración de estas prácticas en esta población particular.

Desde aquí se encontró una relación muy interesante entre las dos triadas[4]. Tanto las prácticas de violencia como las prácticas de paces en el marco de las dos triadas comparten los corredores territoriales, los lugares donde son recurrentes las prácticas de violencias en sus tres segmentaridades; también se encontraron las prácticas de paces en sus tres segmentaridades o subrelaciones. Lo cual configura una relación directa con la resistencia y la convivencia, los NNA conforman puntos de resistencias alrededor de las violencias. De manera más clara, donde regularmente se presentan homicidios, robos y hurtos aparecen también grafitis, murales y lugares catalogados como zonas positivas. Entonces, se afirma una relación de convivencia entre las prácticas y relaciones, pero también se configuran límites de actuar en el territorio, y desde allí se construye una producción de saber que manifiesta cómo se mueven los NNA en sus barrios.

Las prácticas de violencias o de paces manifestadas en los barrios Tokio y Las Brisas se presentan además como prácticas que muestran las diferentes dimensiones de los NNA a través de sus acciones, individuales y colectivas; a veces hacen parte de proyectos éticos y políticos y otras veces no, pero siempre recogen las emociones, deseos, sentires y experiencias vividas, que los constituyen, los forman y que desde sus experiencias construyen un saber que desborda el ejercicio pedagógico realizado por las instituciones, pero que es potenciado de la experiencia vivida de un territorio, es saber del barrio.

5.2 Las paces y las violencias: movimientos entre la resistencia y la convivencia

Una de las grandes reflexiones en el marco de esta tesis doctoral se centra en la conexión identificada entre las relaciones construidas des-

4. Primera triada: resistencias-convivencias-violencias; segunda triada: resistencias-convivencias-paces.

de las prácticas de resistencias– convivencias, que son movilizadas al hacerse presentes en las relaciones entre la violencia y las paces. Relaciones de poder que se movilizan y pasan de los escenarios locales o propios y que no necesariamente surgen, se construyen y se potencian desde la institucionalidad: alcaldías o estamentos de control. De esta manera, se podría denominar la resistencia como una generalidad desde la especificidad, que se remonta a la construcción de un proyecto ético y político. Es lo que justamente genera la reflexión que entiende que la resistencia no es exclusiva o construida a partir de un proyecto ético–político, pero sí retoma la construcción de un proyecto propio o colectivo, con intenciones y decisiones de vida.

En ese sentido, la comprensión de la realidad de las prácticas de resistencia– convivencia ubican a la resistencia dentro de una multiplicidad de relaciones que en algunos casos se constituye como un proyecto ético–político colectivo o de sujeto. Se presentan las resistencias como diversidad de formas de la singularidad de la misma resistencia, que se reconoce en la conexión de multiplicidad. Sin embargo, se podría decir que las resistencias de los NNA no tienen que estar inscritas en la concepción de un proyecto ético–político, pero sí en la intención de las relaciones y las prácticas a través de las cuales se constituyen los sujetos y se movilizan, en tanto resistencia múltiple, por la variedad, intenciones y concepción.

Las relaciones construidas en la intención de las resistencias pasan de los escenarios locales (los barrios, las comunidades o sectores) y trasciende a los escenarios macro: ciudad y región, y demuestran dinámicas específicas al interior de la sociedad. Esto para entrar a explicar que hay unas determinaciones específicas desde las cuales se ubica la categoría de resistencia, como la resistencia civil, resistencia comunitaria y en muchos de los casos la desobediencia civil. Ahora bien, estas no son las únicas formas para observar las relaciones que se presentan entre las vivencias y las experiencias que tiene cada territorio en sus escenarios locales para pensar la intención de las relaciones de resistencia. Esta situación es lo mismo que ha pasado con las reflexiones que se han construido alrededor de la paz, donde se rescatan producciones desde los escenarios locales y desde las tensiones latinoamericanas, que cada vez resalta más la producción propia con características contextuales y territoriales únicas alrededor de una construcción práctica y conceptualizada de la paz; de igual manera, pasa con la resistencia, cada vez se recogen producciones que la construyen desde apropiaciones locales.

Es así como en los barrios Tokio y Las Brisas las relaciones y la construcción de la resistencia y la convivencia son elaboradas a partir de experiencias propias que apuntan a la construcción de esas relaciones de resistencias–convivencias desde el ámbito local, particular y multidireccional. Relaciones y movilizaciones constituidas alrededor de las resistencias– convivencias, que se identifican como relaciones de poder contextualizadas, pero no responden exclusivamente a una apelativo, calificación o definición, como se mostraba en el párrafo anterior, como resistencia civil o comunitaria. Estas se sitúan más en el marco de las relaciones y se entienden como indeterminadas, contenidas entre sí, segmentarizadas por el tipo de población y por los procesos vividos por los NNA. Esto hace referencia a que no son únicas, pueden aparecer y desaparecer temporalmente, pero contienen una condición que las mantiene. La intención en la acción o en la práctica de los sujetos puede estar conectada por las resistencias denominadas como comunitarias o civiles, pero se evidencian alrededor de las relaciones que permanecen, se mueven y están presentes, como dice Foucault (1999):

> Entre personas diferentes, en una familia, en una universidad, en un cuartel, en un hospital, en una consulta médica, hay relaciones de poder que circulan: cuáles son, a dónde conducen, cómo unen a los individuos, por qué se soportan o porqué en otros casos no son soportadas. (p. 144)

Las relaciones de poder tienen una regularidad que se manifiestan en la práctica, que puede revelar específicamente una denominación en tanto práctica contemporánea o práctica de sí, o como individuales y colectivas. Responden a una subjetivación propia, pero también a múltiples y diversos enlaces en las formas de convivir y resistir con las violencias–paces, en donde los sujetos conviven con prácticas y resisten a formas empleadas en el territorio; en donde se presenta la paz, las paces y las violencias. Se convive entre tensiones, resistencias y convivencias de prácticas de violencias y paces, como una forma particular de presentar la multiplicidad del territorio, es así como la resistencia no se puede plantear como única, pero sí como multiplicidad de la resistencia.

Otro aspecto que está presente es la forma como aparecen y se construyen las triadas y las segmentaridades en los territorios que afectan las prácticas de niños, niñas y adolescentes. Este aspecto tiene que ver con la manifestación de las relaciones resistencias–convivencias con las violencias–paces que afectan y son afectadas por quienes participan de las prácticas, de la motivación, de la acción recurrente y cotidiana, donde los NNA no aparecen inscritos a un proyecto ético–político, pero mantienen una intención política en su acción. Lo que permite establecer la resistencia que se evidencia a través de la producción estética, en la que el sujeto reconoce la acción y los efectos de la acción; es decir, la intención de la práctica tiene una motivación y efecto sobre él y sobre los otros, aunque no sea evidente o reconocida; no obstante, estas prácticas se manifiestan en el ejercicio de su realidad y en esta construcción hay una intención política del sujeto. En palabras de Sáenz (2014):

> Estas prácticas configuraron lo que podemos denominar una anatomo–política de sí, de autocontrol detallado del cuerpo. Los textos prescriben la moderación en las expresiones y apariencia del cuerpo en todos los escenarios y tiempos: en la forma de interactuar con los demás, de revelar, expresar los sentimientos, de comer, de vestir, de mirar, de escuchar, de hablar, de caminar, de dormirse, de divertirse, en las posturas corporales y los gestos (p. 49).

Vemos que muchas veces se vincula un dualismo de la política de la práctica, como bueno o malo, y más en territorios que han vivido las prácticas violentas desde su creación. Lo que hacen es establecer un tipo de estigmatización entre los territorios, ya sean geográficos, pensados, vividos o sentidos; y cuando este tipo de intención hace que se reproduzca una práctica de sujeto se refuerza una forma de control sobre el otro.

Es de suma importancia resaltar que en las prácticas de resistencia–convivencia–violencias–paces se encontraron dos tendencias[5] en las relaciones que se dan en las prácticas de los NNA, las cuales en su interior están conectadas por tres segmentaridades, que más que estar contrapuestas se contienen y permiten revisar cómo aparecen y hacen presencia las prácticas en el ámbito territorial, es decir en los barrios Tokio y Las Brisas. Es posible empoderar las prácticas en el caso de las resistencias paces y mitigarlas en el caso de resistencias violencias; adicionalmente, se pueden comprender sus dinámicas internas y saber el sentido de la tensión que hacen unas con otras. Una, que se da desde las relaciones de convivencias, donde convergen las prácticas de violencia y las prácticas de paces, alrededor los sujetos, ya sea a partir de instituciones gubernamentales que buscan generar control y contener la violencia o buscan orientar la construcción de paz; y la otra, se trata de formas propias de los sujetos que nace de su experiencia cotidiana en el barrio, los forma y no responden a un ejercicio institucionalizado o formal, como acciones recurrentes de participación y organización juvenil, es una acción pedagógica en la constitución del sujeto, desde la estética misma de la práctica, desde la experiencia y producción como NNA de un territorio, es una formación que no tiene un contenido (tema con subtítulos) especifico de aprendizaje, esa formación hace parte de la vida, son formas de aprendizaje sobre sí. En palabras de Sáenz (2014) se diría que:

> Es evidente que las prácticas de sí contemporáneas [...] se han abierto a la pluralidad en términos del tipo de actividades institucionales, promovidas por el mercado o definidas de manera relativamente autónoma, que son susceptibles de convertirse en formas de actuar deliberadamente sobre sí (p. 54).

5. Las triadas resistencias–convivencias–paces y resistencias–convivencias–violencias.

Estas prácticas cotidianas de los NNA tienden a convertirse en acciones deliberadas sobre su constitución como sujeto, que presentan la producción de un saber que reconoce las posibilidades de ser niño, niña y adolescente en un territorio determinado. De esta manera, estas prácticas contemporáneas donde los NNA se resisten a la violencia y a las paces, pero al mismo tiempo conviven con ellas revela una forma deliberada sobre sí de los NNA, pero además influyen en la constitución deliberada de los otros, como acción motivada colectivamente; igualmente, muestra la aglomeración de relaciones que se producen en el territorio alrededor de la violencia y la paz.

Las prácticas de sí en las formas contemporáneas de gobierno, como las llama Sáenz (2014), corresponde a las formas reactivas de relacionarse consigo mismo, ya sean inconscientes o deliberadas, en especial en el marco de formas de vida concebidas por sus practicantes como «novedosas» o de «resistencia» (p. 59). Es así como la participación y vinculación a las estructuras criminales se pueden denominar prácticas de libertad negativa o prácticas de sujeto y formación de sujetos negativas. No obstante, nos interesa resaltar las prácticas de libertad del sujeto que expresan formas políticas desde donde los NNA se ubican y viven su realidad constituida desde las violencias. Así es como estas prácticas constituyen el sujeto y presentan una postura ante su realidad al materializarse en una contraconducta del control estatal.

La manifestación de estas prácticas de sí, que plantea Sáenz (2014), con relación a la vinculación a la violencia y el carácter de libertad, puede ser en el contexto, al verse quién tiene el control. Efectivamente se ubican dentro de una práctica contemporánea que ve la realidad y el mundo, entendiendo cómo se piensa y siente el sujeto en el territorio; además, se caracteriza con el hecho de que la violencia hace parte y potencia la intención de la práctica. Al mismo tiempo, requiere vincularse con la libertad que tambalea entre los principios éticos de la convivencia, cuando se considera lo ético del sujeto en el cuidado de sí mismo y de otros. Esta realidad representa un proceso complejo por la urgencia de reorganizar un conjunto de valoraciones que trasmiten la cotidianidad y que permiten, justamente, que se constituyan los procesos propios de los niños, niñas y adolescentes, desde estas acciones regularizadas y segmentarizadas.

En este caso es la producción de saber lo que hace que los NNA tomen decisiones políticas, mas no éticas, entendiendo el carácter de valor y esa forma de constituirse a sí mismos dentro de condiciones de la conducta moral, como ese fundamento que presenta diferencia entre lo político y lo ético. Pueden tomar decisiones sobre su vida y realidad al vincularse a una estructura criminal, como una decisión política que tiene que ver con la forma como se relaciona con la norma. Sin embargo, esa decisión no es necesariamente ética, son decisiones llenas de incertidumbres que están presentes en el proceso de constituirse como sujetos en el territorio, en el proceso de ser y crecer.

Se trata, entonces, de hacer visible la forma como se constituye un sujeto desde las prácticas violentas y las prácticas de paces, manifestadas estéticamente desde el hacer cotidiano del sujeto y donde contiene relaciones expresadas a través del arte, el dominio territorial y el consumo de sustancias psicoactivas. Entonces se trata de vivir y reflexionar las prácticas fuera de la posición binaria, dualista y moral de lo bueno y lo malo, de contención de la violencia y la intensidad de la reacción ante la intención de un acto, reacción en tanto contradicción con el acto cometido y la expresión de lo que significa el acto y la acción.

Lo anterior lleva a manifestar lo que es ser sujeto en una práctica liberadora, política y ética de cuidado de sí, que manifiesta su intención: su ser y su dolor, exteriorizado como resistencia a una paz que no corresponde a su realidad. En palabras de Castillejo (2014), es un sujeto que expresa el sentido de que «en una primera instancia, un proceso de intervención técnica mediante el cual una sociedad particular "articula" (es decir, asigna un nombre a una experiencia), de formas complejas y contradictorias, algo denominado "el pasado violento"» (p. 217); pero también está el presente violento y la constitución de paces propias, que hace que no se pueda dejar la violencia fuera de la reflexión de las paces.

Reconocer el vínculo, entre las relaciones que emergen dentro de la convivencia en un territorio donde la realidad se vive entre las violencias y las paces, expresadas estéticamente como arte desde el mural o el baile, nos lleva a retomar la siguiente idea de Judith Butler (2010):

> Puede inferir que toda forma de individualidad es una determinación social, inversamente, todo grupo no solo está delimitado respecto a otro, sino que, también, está compuesto por un ensamblaje diferenciado que presupone que la singularización constituye un rasgo esencial de la socialidad (p. 228).

Se trata de reconocer que las relaciones de resistencia–convivencias construidas por los sujetos en los barrios Tokio y Las Brisas reafirma una lectura colectiva de las prácticas y cómo son manifestadas; presentan una producción del saber que permite revisar el contexto para indicar la forma de actuar en el territorio. Las relaciones allí presentes son indeterminadas; es decir, que no tienen un punto en donde se finalicen, pero sí donde se transforman, se quiebran, se contienen, se asignan y se movilizan, pero lo más importante, permiten la constitución de un sujeto, que crece en el barrio y en su dinámica diaria, muestra la realidad de su contexto, una parte de la realidad de los NNA en Colombia.

Finalmente, se plantea la existencia de una multiplicidad de prácticas que se manifiestan a partir de relaciones entre las resistencias y las convivencias contenidas entre las dinámicas de los NNA en medio de la práctica de violencias y de construcción de paces. Esa característica de ser niño, niña o adolescente recrea un sujeto que se constituye a partir de la experiencia cotidiana de su barrio y esa forma–sujeto no es exclusiva de la institución: la escuela, la familia, etc. Que la convivencia no permanece como tolerancia, sino como forma de negociación barrial. La resistencia se reafirma como multiplicidad que no demarca o limita una denominación única, y se pretende lograr la profundización de tipos de resistencias locales, particulares y territoriales. Que las prácticas como formas de liberación de los sujetos, como un actuar ético–político, desde su intención y motivación, orienta la decisión del cuidado de sí y del otro; además, muestra la experiencia estética del sujeto, expresada en el arte y que todas las expresiones y prácticas encontradas son políticas. Cuando la intención del sujeto le permite tomar decisiones en sus prácticas y sus acciones y se expresa a través de prácticas que pueden dañar al otro, pueden transformarlo, pero al mismo tiempo amarlo y potenciarlo.

Estamos segmentarizados linealmente, en una línea recta, cuyos segmentos representan episodios o procesos. Apenas terminamos un proceso ya empezamos otro, eternos, pleitistas o procesados, familia, escuela, ejército, oficio, etc. La escuela nos dice: «Ya no estás en familia». El Ejército dice: «Ya no estás en la escuela». Unas veces los diferentes segmentos remiten a individuos o a grupos diferentes, otras es el mismo individuo o grupo el que pasa de un segmento al otro. Pero estas figuras de segmentaridad, la binaria, la circular, la lineal siempre están incluidas en la otra, incluso pasan la una a la otra, se transforman según el punto de vista (Deleuze y Guattari, 2010, p. 216).

El tránsito y camino que recorre la violencia, las paces, la resistencia y la convivencia como experiencias y procesos del NNA, la familia, la escuela y el barrio tensionan la forma como siempre se ha creído que se constituyen en el territorio. La resistencia como multiplicidad permite entender todas las segmentaridades, conexiones y producción estética que se da en los barrios Tokio y Las Brisas. La producción de saber no solo se da en el marco de la institucionalidad. La calle enseña y del barrio se aprende. La vida de los sujetos no gira alrededor de posturas binarias; y los NNA, desde donde se ubican, tienen intenciones y toman decisiones éticas, políticas y ético–políticas, como también se deciden por formas de conducirse en el proceso de conocerse y crearse como sujetos.

Conclusiones

Las relaciones entre las prácticas de resistencia–convivencia con las prácticas violentas dejan un espacio abierto a discusiones; primordialmente sobre lo que está movilizando la violencia en los NNA al interior de los territorios colombianos. Es decir, cómo estamos revisando y mirando las prácticas delictivas y violentas en el territorio, como agente acusador que describe el hecho de homicidio, robo, maltrato, consumo de sustancias, vulneración del otro, o acercándonos al territorio y conociendo la relaciones que se dan entre estas prácticas. En el marco de relaciones de poder, que, por un lado, rechaza la legitimidad de un Estado que no incluye, pero también en la misma línea de continuar con la legitimidad del poder y el control sobre los otros cuando se desea participar de estructuras criminales y actos de subordinación de otros. Lo que permite evidenciar las luchas internas para demostrar cómo los sujetos son olvidados o no reconocidos por lo que son y por cómo se constituyen políticamente de acuerdo con las ausencias y las tristezas o tal vez amores; en todo caso, por una forma aprendida desde la experiencia, que forma al sujeto desde la violencia para participar en ella como una opción de aprendizaje valido sobre la vida, y que da pistas de cómo deberían tratar esas decisiones de los NNA que motivan la acción o lo que la acción (práctica) quiere motivar.

La movilización de la resistencia–convivencia en el contexto de las paces ubica a las acciones de los NNA que están a favor de estas o que siguen las prácticas orientadas por instituciones. Además, sitúan como propias las búsquedas de los NNA por establecer una identificación de lo que son; muy bien lo expresa Sáenz (2014), como contraconductas, cuando retoma a Foucault (2007) para decirnos que se trata de «la lucha contra los procedimientos puestos en práctica para conducir a los otros» (p. 30). Sin embargo, Sáenz las ubica dentro de aquellas que son contemporáneas y cómo estas cargan una intención en las relaciones que se enmarcan con una condición política y ética, en donde las conductas de autogobierno afectan al otro, lo cual se produce al interior del barrio Tokio y Las Brisas. En cuanto a las prácticas de resistencia, de manera física, visible y notaria en intención y en acción, están en los murales y en las tomas de los sectores donde se practican delitos y violencia directa, manifestando la construcción propia de los NNA sobre las paces, pero así mismo, movilizando aquellos que no se vinculan directamente en estas prácticas. Evidenciando la intención de una acción que al parecer no estaría afectando a toda la población, desde el estudio de las formas de producción de saber pareciera que se piensa desde burbuja que no conectan las relaciones entre prácticas delictivas y prácticas de paces, que contienen enunciaciones de lo que significa cada uno, para los sujetos en este caso los NNA y que no es exclusivamente lo que desde los espacios formalizados se expresa, pero que permea el contexto del territorio.

Los niños niñas y adolescentes movilizan y expresan la resistencia a los sitios donde hay prácticas de violencia y construyen a través de la cultura, del dibujo y del mural una posición sobre lo que está pasando en el barrio o en el espacio común. Esa acción se constituye en una práctica de libertad, en tanto es intencionada por ellos; y en una construcción ética y política porque promueve la decisión al respecto de una situación de violencia que afecta a otros (con los hurtos, homicidios etc.). Además, los forma como sujetos con una perspectiva de realidad y con posibilidades de modificar su realidad; aunque la motivación venga de otros.

También, están esas prácticas de violencia que motivan, y llaman a transitar en el territorio. Hacen que los NNA, donde se están tensionando unos círculos de resistencia, tensionen las vinculaciones a estructuras criminales y al convenio, a cometer delitos, pero también a resistir a formas preestablecidas de cómo funciona las paces en los territorios, que vinculan escenarios de convivencias y tensiones al interior de estos. Es claro, que en Tokio y Las Brisas también se encuentran NNA que se movilizan entre la incertidumbre de no saber dónde ubicarse en el sector y en el territorio debido a las recurrentes prácticas delictivas de paces que se tensionan. Pero esa incertidumbre también es movilizada y movilizadora. Afirmar que solo las prácticas de resistencia–paces movilizan a los NNA es caer en un error porque estas no son las únicas presentes en el territorio, y las opciones alrededor de la participación y la decisión de vincularse a las diversas formas como se presenta la violencia es tan amplia como la multiplicidad misma. En ese sentido, los NNA pueden transitar entre prácticas delictivas y prácticas de paces, que hacen que se formen como sujetos, pero además que motiven practicas diferentes y específicas de vivir en el territorio, al punto de movilizarse en el marco de unas y de otras.

Cuando se observan las relaciones en las triadas descritas, que permitieron revisar las relaciones en las prácticas de los NNA de los barrios Tokio y Las Brisas, fue necesario hacerlo desde el sentido y las relaciones que tienen estas prácticas en el territorio, porque se trata de conexiones en tanto la ubicación geográfica y espacial de las prácticas de resistencias– connivencias con la violencia y las prácticas de resistencias–convivencias con las paces. Es difícil pensar en una sola relación alrededor de las prácticas. Por tal razón, se presentaron dos triadas que agruparon las intenciones y la frecuencia alrededor de las relaciones, puesto que estas contienen multiplicidad de relaciones que se conectan entre paces y violencias; porque algunas, como se evidenció, presentan formas de resistir a la violencia emitida por las estructuras estatales y los sujetos terminan vinculándose a otras estructuras como son las criminales. En ese sentido, Butler (2010) manifiesta algo muy cercano a lo que se evidencia en las prácticas y es que existe una correlación en donde pensar los actos no violentos implica al mismo tiempo pensar en la violencia; es decir, que la violencia y la no violencia no están presuntamente fuera desde el principio. «La violencia y la no violencia no son solo estrategias o tácticas, sino que forman al sujeto y se convierten en sus posibilidades constitutivas, y, de este modo, en la lucha en curso». Decir esto es sugerir que la no violencia es la lucha de un único sujeto, pero también que las normas que actúan sobre el sujeto son de índole social y que son vínculos sociales (p. 228). Argumento que nos lleva a pensar que no se puede actuar contra la violencia reafirmando que la violencia es innata de los seres humanos; obviamente esa no es la explicación, pero sí la relación en tanto tensión de la paz–paces con la violencia. Así, entonces, pensar la no violencia y las paces implica también pensar la violencia, pero también las prácticas de resistencias y convivencia que se desarrollan alrededor de estas.

Se trata de una deconstrucción de la idea de construcción de paz, donde se potencian las realidades de las localidades colombianas, de los territorios que viven en medio de la violencia, en donde surgen formas de resistencia a la idea de paz, entendida como aquella que es tranquila, y no como la paz extraña, porque los sujetos consideran que no los involucra. ¿De qué forma puede pensar la paz un NNA cuando sus normas y las conductas de otros los violentan? Como lo dice Jaimes (2020): Hay que pensar en la construcción de paz en Colombia desde la violencia y la capacidad que tienen los sujetos de constituirse. «Así, la paz se define no como un ideal o una meta final, sino como un proceso dialéctico, contingente, permanente y siempre inacabado que incluye su "imperfección"» (Muñoz, 2001). Se necesita construir un conocimiento situado, localizado y ajustado a las realidades concretas que supere el conocimiento abstracto supuestamente universal (p. 24). Esta cita, precisamente se acerca a la realidad de las prácticas de paces y su relación con la resistencia y la convivencia, pensadas como proceso de lo vivido en la cotidianidad y la pluralidad de la vida; como todas las expresiones, como los murales; como posiciones frente a ideas que no los reconoce, como juego; pero también, como dolor o negación, como las paces que duelen, como violencias que duelen, como formas de resistir que no están en el marco de la construcción de un proyecto ético político, como posibilidad de decisión, pero más aun como forma en la que los NNA intervienen desde su sentir y más que su sentir en la forma como desde la practicas se forman/constituyen como sujetos y el poder que tiene el escenario cotidiano y barrial en la producción de ese conocimiento y saber propio que desborda la idea de una educación formalizadora. Tanto así, que no intervienen únicamente los NNA, también los grupos juveniles y las organizaciones comunitarias presentes en los barrios Tokio y Las Brisas, quienes rompen la mirada desde lo bueno y lo malo y lo proponen desde sus intereses e intenciones.

Este estudio ubicó la resistencia como una construcción desde la multiplicidad, alrededor de relaciones conectadas por las prácticas que realizan los NNA. Lo cual presenta una forma metodológica desde donde se pueden abordar las prácticas como sistema de relaciones, y asimismo la posibilidad de pensar la resistencia como multiplicidad, en donde la resistencia aparece acompañada de varias resistencias y de relaciones con el contexto. Se amplía así la posibilidad de entender momentos y procesos en los que la resistencia aparece y desaparece de acuerdo con las intenciones y tensiones desde las cuales se está elaborando o construyendo. Así, se pueden encontrar en una relación o segmentaridad varias resistencias que tensionan acciones o prácticas relacionadas entre sí, que, además, se pueden dar en un mismo territorio, espacio geográfico y tiempo. Aclarando que estas también están en continuo movimiento.

En ese mismo sentido, es importante señalar que el proceso metodológico de esta investigación, además de ubicarse en el marco de los estudios cualitativos, trae aquí la posibilidad de ubicar en el mismo orden metodológico las estrategias etnometodologicas y las técnicas etnográficas, mas que en su función técnica para la recopilación de la información, como aquellas permiten, recoger lenguajes propios de las comunidades, que va más allá de identificar una muestra especifica de población, si no que va surtiendo de la expresión misma de los sujetos de investigación, permitiendo una descripción en sentidos interpretativos, como densa, como el reconocer las experiencias mismas de los sujetos de investigación y presentarlas en el documento tratando de sacar a la luz las voces de los sujetos, una forma de producir saber y conocimiento, donde el investigador deja su rol, para convertirse en quien acompaña el proceso sin intervenir de manera directa en lo que el sujeto expresa, es saber escuchar, es acompañar. Es claro que al final la voz del investigador también es marcada en el texto, pero surge de esas observaciones y acercamientos con las comunidades.

El trabajo de campo en la construcción metodológica de esta investigación fue fundamental, puesto que facilitó el acercamiento a los sujetos, escuchar y observar sus experiencias y prácticas. Justamente, el reconocimiento de la producción de saber que se encuentra en cada barrio, comunidad o colectivo; lo cual permitió poder entender las relaciones y las intenciones en cada práctica realizada por ellos, comprender por qué se pintó un mural y la intención en el contexto de la ocurrencia de un hecho. Sentir de cerca la vivencia hace que la investigación cualitativa y la etnografía resalte la experiencia del investigador.

Esta experiencia permite reconocer el aporte de los sujetos para la comprensión de las prácticas, pues en ellas se ve reflejado lo que es el sujeto en sí, lo que le permite autorregularse, autoconstruirse, deconstruir o transformarse apuntando a escenarios de resistencia o que quieran hacer tensión a conductas de poder y control. Es decir, la práctica permite formar al sujeto en su carácter único y de multiplicidad, es la experiencia misma del sujeto. En este sentido, el estudio de la práctica entonces permitió la ubicación de ese carácter individual, colectivo, múltiple y heterogéneo del sujeto, y tener la realidad presente o dejar que esta muestre su dinámica en el contexto. Así fue como también se elaboró el proceso de análisis, permitiendo a las técnicas e instrumentos utilizados mostrar dónde se ubicaban de acuerdo con las categorías estudiadas teóricamente.

Finalmente, la práctica de los NNA aparece como una forma de constitución de sujeto propia en el territorio. Una producción de saber que a partir de la experiencia se construye y forma un sujeto capaz de tomar decisiones sobre sus prácticas y realidades. Es decir, que este sujeto se forma ética y políticamente, pero no necesariamente como sujeto ético/

político; sus prácticas lo ubican alrededor de una realidad a través de la cual puede focalizar su acción desde la participación en actos delictivos. Esto constituye su práctica en una decisión política, como capacidad de decidir y ubicarse en una de las realidades desde las cuales moviliza el territorio. Asimismo, los NNA pueden vincularse a una práctica ético/política desde la decisión de participar en grupos juveniles, actividades artísticas y estéticas desde donde hagan tensión a las formas de violencias presentes en el territorio y paces, desde la dinámica de su realidad. La realidad en donde viven los NNA de Tokio y Las Brisas forma sujetos que tensionan las prácticas de violencia y las prácticas de paces; pero, sobre todo, han de resaltarse las prácticas como la danza, el muralismo y el grafiti como producción de saber, como expresión que forma y que en otras palabras que enseña y manifiesta sus inconformidades alrededor de cómo se construye una paz que no los vincula y sobre formas de violencia presentes en el territorio. Reconocer e identificar las prácticas tanto de paces como de violencias en el territorio, permite reconocer la diversidad de formas de vivir la realidad en un mismo espacio geográfico, pero, también, el reconocer el espacio que es vivido y sentido por los NNA. Este es su barrio, que claramente da pistas de cómo se debe intervenir el territorio.

En el marco de los procesos de educativos, esta investigación contribuye al pensar las formación de los sujetos en este caso de los NNA de forma relacional, además de resaltar, la posibilidad de constitución del sujeto de las prácticas y las experiencias cotidianas y en ellas misma la experiencia como producción estéticas que potencia la expresión de lo cotidiano y cultural, local o barrial como una producción artística del vivir, donde los NNA se constituyen como sujetos que les permiten tomar decisiones que están enmarcada entre decisiones políticas y éticas; jugando aquí lo pedagógico en la subjetividad de cada NNA y lo estético en el contexto.

Referencias

Aigneren, M. (2009). Análisis de contenido. Una introducción. *La sociología en sus escenarios* (3), 1-52.

Alcaldía Municipal (2016). *Diagnóstico socioeconómico de la comuna Villa Santana.* Alcaldía de Pereira.

Angarita, A. (2016). *Epistemología para la Paz.* Caza de Libros.

Arendt, H. (2005). *Sobre la Violencia.* Alianza Editorial.

Arias , L., y Fayad, J. (2004). *Reconocimiento de la niñez, Cali 1890-1930: instituciones, subjetividad y vida cotidiana.* Universidad del Valle.

Barragán, A. (2019). Cartografía social: lenguaje creativo para la investigación cualitativa. *Sociedad y Economía,* (36), 139-159.

Bautista, F. J. (2018). *Temas actuales para la promoción de la cultura de paz, el estudio de los conflictos y el desarrollo.* Bonobos.

Bedoya, E. M., y Farfán, M. B. (2018). *Representaciones sociales de paz y paces en escenarios de reconciliación.* Uniediciones Ltda.

Bedoya, E. M., y López, J. M. (2020). *Reflexiones en torno a la resistencia como derecho y posibilidad de re-existir: aproximaciones desde el estado del arte.* Universidad Libre.

Blair, E. (2009). Aproximación teórica al concepto de violencia: avatares de una definición. *Política y Cultura,* (32), 9-33.

Butler, J. (2010). *Marcos de guerra: las vidas lloradas.* Ediciones Paidós.

Cáceres, M. (2013). El grupo de discusión como estrategia para la profesionalización docente. *Revista Cooperación,* (2), 91-101.

Cairo, H., y Ríos, J. (2019). Las élites políticas y la paz territorial en Colombia: un análisis de discurso en torno al Acuerdo. *Revista Española de Ciencia Política,* (50), 91-113.

Caponnetto, M. (2002, 2 al 4 de septiembre). *Una reflexión filosófica acerca de la violencia* [ponencia]. XVII Congreso Argentino de Logoterapia, Buenos Aires.

Castaño, M., Carrillo, C., Martínez, M., Arnau, J., Ríos, M., y Nicolás, M. (2017). *Guía práctica de grupos de discusión para principiantes.* Universidad de Murcia.

Castillejo, A. (2007). La globalización del testimonio: historia, silencio endémico y los usos de la palabra. *Antípoda 4*, 76-99.

Castillejo, A. (2014). La localización del daño: etnografía, espacio, y confesión en el escenario transicional colombiano. *Horizontes Antropológicos*, 213-236.

Castillejo, A. (2019). Del ahogado el sombrero: Esbozos para una crítica al discurso transicional. *Revista Semestral de la Asociación Latinoamericana de Antropología* (ALA), 51-62.

Castillejo, A. (2019). La paz en pequeña escala: fracturas de la vida cotidiana y las políticas de la transición en Colombia. *Revista de Estudios Colombianos*, (53), 6-10.

Chaux, E. (2002). Buscando pistas para prevenir la violencia urbana en Colombia: conflicto y agresión entre niños(as) y adolescentes de Bogotá. *Revista de Estudios Sociales*, (12), 43-53.

CLACSO. (2019). *Grupo de Trabajo: Violencias y Subjetividad.* Grupos de trabajo seleccionados para el período 2016–2019. Consultado el 20 de diciembre de 2021. https://www.clacso.org.ar/grupos_trabajo/detalle_gt.php?ficha=661&s=5&idioma=.

Deleuze, G., y Guattari, F. (2010). *Mil mesetas: capitalismo y esquizofrenia.* Pre-textos.

Departamento Administrativo Nacional de Estadística (DANE). (2021). Consultado el 19 de diciembre de 2021. https://www.dane.gov.co/index.php.

Dewey, J. (2008). *El arte como experiencia.* Paidos.

Diez, J., y Rocha, E. (2016). Cartografía social aplicada a la intervención social en el barrio Dunas, Pelotas, Brasil. *Revista Geográfica de América Central*, (57), 97-128.

Falcón, P. (1996). El Mural. *El Guiniguada*, (6-7), 103-117.

Foucault, M. (1999). *Estética, ética y hermenéutica. Obras esenciales* vol. III. Ediciones Paidós.

Foucault, M. (2002). *La arqueología del saber.* Siglo XXI.

Foucault, M. (2007a). *Historia de la sexualidad I: La voluntad del saber.* Siglo XXI.

Foucault, M. (2007b). *Nacimiento de la Biopolítica.* Fondo de Cultura Económica.

Foucault, M. (2017). *La verdad y las formas jurídicas*. Primera Conferencia, mayo de 1973. Editorial Gedisa.

Galtung, J. (2016). La violencia: cultural, estructural y directa. *Cuadernos de Estrategia* (183), 174-168.

García, S. (2009). El desafío bioético de la era planetaria: La Convivialidad. *Revista Latinoamericana de Bioética, 9*(2), 42-65.

Garfinkel, H. (2006). *Estudios en etnometodología.* Anthropos.

Gargarella, R. (2007). Derecho de resistencia en situaciones de carencia extrema. *Astrolabio, Revista Internacional de Filosofía* (4), 1-28.

González, L. A. (2016, 10-14 de octubre). *El problema de violencia y sus enfoques* [ponencia]. Primer Coloquio de Bio-política y Violencia en El Salvador, Universidad de El Salvador. https://www.alainet.org/es/articulo/181403.

González, L. A., y Villacorta, C. E. (1998). Aproximación teórica a la violencia. *Estudios Centroamericanos* (*ECA*), *499*, 227-263.

González, S., Colmenares, J. C., y Ramírez, V. (2011). La resistencia social: una resistencia para la paz. *Hallazgos, 8*(15), 237-254.

Grimson, A. (2001). *Interculturalidad y comunicación.* Grupo Editorial Norma.

Guber, R. (2011). *La Etnografía, método, campo y reflexividad.* Grupo Editorial Norma.

Gutiérrez, A. (2005). *Las prácticas sociales una introducción a Pierre Bourdieu* vol. II. Buenos Aires, Argentina: Ferreyra Editor.

Han, B-C. (2016). *Topología de la violencia.* Herber.

Hernández, E. (2006). La Resistencia civil de los indígenas del Cauca. *Papel Político, 11*, 177-220.

Illich, I. (2014). *La convivencialidad.* Ciudades para un futuro más sostenible. Consultado el 21 de diciembre de 2021. http://habitat.aq.upm.es/boletin/n26/aiill.html.

Jaimes, J. R. (2020). Paz decolonial, paces insubordinadas, conceptos, temporalidades y epistemologías. En J. R. Salas, D. G. Correal, K. P. Armiño, S. L. Londoño, F. S. Castro, y J. J. Marín, *Paces insurrectas, paces decoloniales, disputas, posicionamientos y sentidos contracorriente.* Pontificia Universidad Javeriana.

Jaramillo, J. D. (2015). *Entrando y saliendo de la violencia: construcción del sujeto joven en Medellín desde el graffiti y el hip hop.* Universidad Javeriana.

Jaramillo, O. (2015). Las prácticas de sí contemporáneas como herramienta conceptual para indagar las formas de subjetivación. *Textos y Sentidos*, (11), 53-72.

Jiménez, F. (2012). Paz neutra: una revisión del concepto. *Revista de Paz y Conflictos, 7*, 19-52.

Jociles, M. (2018). La observación participante en el estudio etnográfico de las prácticas sociales. *Revista Colombiana de Antropología, 54*(1), 121-150.

Krause, M. (1995). La Investigación Cualitativa: Un Campo de Posibilidades y Desafíos. *Revista Temas de Educación*, (7), 19-39.

López, M. (2004). Principios y argumentos de la noviolencia. En B. M. Rueda, y F. A. Muñoz, *Manual de Paz y Conflictos* (pp. 305-329). Universidad de Granada, España.

López-Martínez, M., Useche, O., y Martínez, C. (2016). Noviolencia, resistencias y transformaciones culturales. *Polis Revista Latinoamericana*(43), 1-30.

Marcone, J. (2009). Las razones de la desobediencia civil en las sociedades democráticas. *Andamios 5*(20), 39-69.

Marcus, G. (2011). Etnografía en/el sistema mundo: El surgimiento de la etnografía multilocal. *Alteridades,11*(22), 111-127.

Martínez, L. A. (2017). Retos del posacuerdo: Violencia homicida y prácticas sociales. *Sociedad y Economía*, (33), 289-310.

Martínez, L. A. (2020). *A las sombras del contrabando. Desarrollo regional y criminalidad en Colombia.* Universidad Católica de Pereira.

Martínez, V. (2001). *Filosofía para hacer las paces.* Icaria Editorial.

Maturana, H. (2007). *Transformación en la convivencia.* Comunicaciones noreste LTDA.

Molina, N. (2005). Resistencia comunitaria y transformación de conflictos. *Reflexión* Política, *7*(14), 70-91.

Molina, N., y Valderrama, P. (2007). Contribuciones de las redes de fortalecimiento de las políticas de identidad en un proceso de resistencia. *Polis, 6*(16), 1-18.

Moreno, A. A. (2016). *René Girard: Cristianismo y noviolencia.* Universidad Javeriana.

Muñoz, F., y Molina, B. (2004). *Manual de la paz y los conflictos.* Universidad de Granada.

Naucke, P., y Halbmayer, E. (2015). Resistencia legítima frente al conflicto colombiano. Una reflexión teórica a partir de una comunidad de Paz. *Antropología* Social, 25(1).

Núñez, L. (2015). *Resistencia civil no violenta, un medio para transformar situaciones de injusticia, a partir de la experiencia de organizaciones sociales de la ciudad de Medellín.* Universidad de San Buenaventura. http://hdl.handle.net/10819/3987.

Orellana, N. D. (2012). Entre el poder y la resistencia, tras los rastros de la política en Foucault. Enfoques, *X*(17), 147-168.

Perea, C. M. (2006). Comunidad y resistencia poder en lo local urbano. *Colombia internacional,* 148-171.

Pinker, S. (2012). *Los ángeles que llevamos dentro.* Paidos.

Pinto de Castro, D., Simões de Araújo, L., Lima de Paulo, W., y Crócomo, F. (2012). *Responsabilidad global y los ritos cotidianos del no. La violencia contra niños y adolescentes, 15*(28),143-157. http://www.redalyc.org/pdf/877/87724146012.pdf.

Piper, I., y Calveiro, P. (2015). Políticas del miedo: violencias y resistencias. *Athenea Digital, 15*(4), 3-9.

Ramírez, M. T. (2017). Ontología de la resistencia. *Red de Revistas de Latinoamérica, 10*(19), 7-28.

Rappaport, J. (2007). Mas allá de la escritura: La epistemología de la etnografía en colaboración. *Revista Colombiana de Antropología, 43,* 197-229.

Perea, C. M. (2006). Comunidad y resistencia poder en lo local urbano. *Colombia Internacional,* (10), 148-171.

Robles, B. (2011). La entrevista en profundidad: una técnica útil dentro del campo antropofísico. *Cuicuilco, 18*(52), 39-49.

Rojas, E., y Guerrero, M. (1997). *La calle del barrio popular: Taller Barrio.*

Runge, A., y Muñoz, D. (2012). Pedagogía y praxis (práctica) educativa o educación. De nuevo: una diferencia necesaria. *Revista Latinoamericana de Estudios Educativos, 8*(2), 75-96.

Sáenz, J. (2009). Formación: infantilización y autocreación. En J. E. Martínez, y F. O. Neira, *Miradas sobre la subjetividad.* Universidad de la Salle.

Saenz, J. (2014). *Artes de vida, gobierno y contraconductas en las prácticas de sí.* Universidad Nacional de Colombia.

Saenz, J., y Ariza, V. (2012). Adolescencia peligrosa y regulación de la población en Colombia en la primera mitad del siglo xx. En R. Ríos, y J. Sanez, *Saberes, sujetos y métodos de enseñanza: reflexiones sobre la apropiación de la escuela nueva en Colombia* (p. 334). Universidad Nacional, Universidad de Antioquia.

Sáenz, J., y Salcedo, M. (2020). Prácticas formativas de la familia: la configuración de la mujer formadora. *Pedagogía y Saberes*, (52), 53-66.

Saenz, J., y Samper, P. (2014). *Artes de vida, gobierno y contraconductas en las prácticas de sí.* Digiprint Editores.

Secretaría General Instituto Colombiano de Bienestar Familiar Jefe de la Oficina Jurídica. (2010, Julio 9). *Concepto unificado 27891 de 2010.* Consultado el 21 de diciembre de 2021. https://www.icbf.gov.co/cargues/avance/docs/concepto_icbf_0027891_2010.htm#:~:text=%22Se%20entiende%20por%20ni%C3%B1o%20o,y%2018%20a%C3%B1os%20de%20edad.%22&text=En%20el%20art%C3%ADculo%2050%20de,atenci%C3%B3n%20por%20parte%20del%20Estado.

Seveso, E., y Aimar, L. (2012). Cotidianas violencias, padecimientos y resistencias. *Revistas Latinoamericanas de Estudios sobre cuerpos, emociones y sociedad, 8*(4), 4-6.

Touraine, A. (1997). *¿Podremos vivir juntos? Iguales y diferentes.* Fondo de Cultura Económica.

UNICEF Comité Español. (2006, Junio 3). UNICEF. https://www.un.org/es/events/childrenday/pdf/derechos.pdf.

Universidad Católica de Colombia. (2020). *Programa de Investigación en Transiciones, Violencias y Memoria*. Investigación Trans. Consultado el 17 de diciembre de 2021. https://investigaciontrans9.wixsite.com/website

Valverde, L. (1993). El Diario de campo. *Revista Trabajo Social, 18*(39), 308-319.

Tabla de anexos

Carpeta	Sub-Carpetas
Recolección de información	Las Brisas
	Tokio
	Entrevista a expertos
	Mapas
	Observaciones
	PDF Prensa
	Matrices Entrevistas u Grupos de Discusión
Sistematización de información	Rejillas las Brisas
	Rejillas Tokio
	Rejillas de Análisis